MW00512646

EL GROTESCO CRIOLLO: DISCEPOLO-COSSA

Colección Literaria LyC (Leer y Crear)
con propuestas para el acercamiento a la literatura*
Directora: Prof. HERMINIA PETRUZZI

* Los nombres entre paréntesis y en bastardilla remiten a los docentes que tuvieron a su cargo la Introducción o el Pólogo, las notas y las Propuestas de trabajo que acompañan cada obra de la Colección Literaria LyC. En el caso de las antologías, el trabajo incluye también la Selección de textos.

ANTOLOGIA

EL GROTESCO CRIOLLO:
Discépolo-Cossa

EDICIONES COLIHUE

Introducción, notas y propuestas de trabajo:
Prof. IRENE PÉREZ

1ª edición / 12ª reimpresión

I.S.B.N. 950-581-074-1

© Ediciones Colihue S.R.L.
Av. Díaz Vélez 5125
(C1405DCG) Buenos Aires - Argentina

Hecho el depósito que marca la ley 11.723
IMPRESO EN LA ARGENTINA - PRINTED IN ARGENTINA

CRONOLOGIA

EL AUTOR	ACONTECIMIENTOS HISTORI-COS Y CULTURALES SIGNIFI-CATIVOS DE LA EPOCA.
1887 El 18 de agosto nace en Buenos Aires ARMANDO DISCEPOLO	Gobiernan Juarez Celman (presiden-y Carlos Pellegrini (Vice) Los Podestá representan *Juan Moreira* hablado en Chivilcoy
1888	Comienza a perfilarse una grave crisis económica; crece el descontento entre la población porteña.
1889	Malatesta visita Buenos Aires e impulsa el movimiento anarquista.
1890	Se constituye la Unión Cívica, que luego se alza contra el Presidente. La encabeza Alem; lo acompaña su sobrino Hipólito Yrigoyen. Pellegrini asume la Presidencia. Los Podestá estrenan *Juan Moreira* en la Capital.
1892	Se realizan elecciones con proscripción de la UCR. Triunfan Saenz Peña y Uriburu, sostenidos por Mitre, Roca y Pellegrini.
1893	Llegan al país 84.420 inmigrantes.
1897	Se inaugura en Buenos Aires el primer servicio de tranvías eléctricos.
1898	Asume Julio A. Roca su segundo período presidencial.

EL AUTOR	ACONTECIMIENTOS HISTORICOS Y CULTURALES SIGNIFICATIVOS DE LA EPOCA.
1901 El 27 de marzo nace en Buenos Aires su hermano Enrique Santos Discépolo.	
1904	Nuevas elecciones. Gana la fórmula Quintana-Figueroa Alcorta, con abstención del radicalismo, ya liderado por Yrigoyen. Llegan 161.000 inmigrantes.
1905	Se instala en Buenos Aires la primera sala cinematográfica con carácter comercial.
1907	Crece la agitación social y política. Numerosas huelgas en capital e interior. Se descubre petróleo en Comodoro Rivadavia. Se crea la Sociedad de Autores Dramáticos y la Asociación de Artistas Dramáticos y Líricos Nacionales.
1909	Cunden los atentados anarquistas. Se redoblan las huelgas y choques entre policías y obreros.
1910 Armando Discépolo estrena su primer drama *Entre el hierro*	Con la abstención del Radicalismo, Roque Sáenz Peña gana las elecciones. Se festeja con pompa el centenario de la Revolución de Mayo.
1911 *La torcaz* *El rincón de los besos*	Se inician las obras del subterráneo Once-Plaza de Mayo
1912 *La Fragua* *Espuma de mar* (en colaboración con Rafael José De Rosa y Francisco Payá) *El viaje aquel*	Sáenz Peña promulga la Ley Electoral que establece el voto secreto y obligatorio. Continúa el clima de agitación social.
1913 Integra la Comisión Directiva de la Sociedad de Autores Dramáticos.	Ingresan al país 365.000 inmigrantes, pero retornan 200.000.

EL AUTOR	ACONTECIMIENTOS HISTORICOS Y CULTURALES SIGNIFICATIVOS DE LA EPOCA.
1914 *El novio de mamá* (Colab. R.J. De Rosa) *Mi mujer se aburre* (Colab. R.J. De Rosa).	Estalla la Primera Guerra Mundial trayendo recesión para la Argentina.
1915 *El guarda 323* (Colab. R.J. De Rosa) *El patio de las flores* Colab. Federico Mertens, música Francisco Payá.	G. Matos Rodríguez. *La Cumparsita* (tango)
1916 *El reverso* *El movimiento continuo* (Colab. R.J. De Rosa) *La ciencia de la casualitat* (Colab. R.J. De Rosa y Mario Folco)	Se estrena en Italia el primer grotesco, *La máscara y el rostro* de Luigi Chiarelli. Triunfa la fórmula presidencial Yrigoyen-Luna en medio del entusiasmo popular.
1917 *Conservatorio La Armonía* (Colab. R.J. De Rosa)	Estalla de Revolución Rusa. No cesa la agitación social; 80 huelgas en el año.
1918 Integra el Jurado del concurso de obras organizado por Bambalinas.	Finaliza la Primera Guerra Mundial. Se forma la Sociedad Nacional de Autores, Compositores y Editores de Música y la Sociedad Argentina de Empresarios Teatrales.
1920 *El clavo de oro* (Colab. Federico Mertens, música de F. Payá)	Se interrumpe la inmigración masiva. Se realiza la primera transmisión de radio.
1921 *MUSTAFA* (Colab. R.J. De Rosa) *El príncipe negro* (Colab. R.J. De Rosa).	Luigi Pirandello estrena en Italia *S e i s personajes en busca de un autor.*
1922 *L'Italia Unita, Ristorante* (Colab. R.J. De Rosa)	Nuevas elecciones; triunfa la fórmula antipersonalista Alvear-González. Se atenúa la crisis económica; el déficit del comercio exterior disminuye.

EL AUTOR	ACONTECIMIENTOS HISTORICOS Y CULTURALES SIGNIFICATIVOS DE LA EPOCA.
1923 *MATEO* (grotesco) *Hombres de honor* *El chueco Pintos*	
1924 *Muñeca* *Giácomo* (Colab. R.J. De Rosa y M. Folco)	Se crea el Conservatorio Nacional de Música y Arte Escénico y la cátedra de Escenografía en la Escuela Superior de Bellas Artes.
1925 *Babilonia* *EL ORGANITO* (Colab. Enrique S. Discépolo) (grotesco)	La orquesta de Canaro parte a París. Se estrena el tango *Café de los Angelitos.* En el Teatro Argentino la Cía. Enrique de Rosas estrena *La máscara y el rostro* de L. Chiarelli.
1926 *Patria nueva*	
1927	Se separan definitivamente «peludistas» (yrigoyenistas) y antipersonalistas. Se funda la Casa del Teatro, institución que pensiona a los trabajadores del teatro.
1928 *STEFANO* (grotesco)	Yrigoyen es reelegido Presidente. Gardel triunfa en París.
1929 *¡Levántate y anda!*	Crisis en Wall Street (Nueva York) que repercute en las economías latinoamericanas. Comienza una gran depresión.
1930	Golpe de estado. Yrigoyen es depuesto por Uriburu. Leónidas Barletta funda el *Teatro del Pueblo;* comienza el movimiento de teatros «independientes».
1931 *Armanda y Eduardo*	
1932 *CREMONA* (grotesco)	Asume el Poder Ejecutivo el Gral. Justo. Crece la recesión y desocupación.

EL AUTOR	ACONTECIMIENTOS HISTORICOS Y CULTURALES SIGNIFICATIVOS DE LA EPOCA.
1933	Muere Yrigoyen en medio de hondo dolor popular. Se filma la primera película sonora, *Los tres berretines*
1934 *RELOJERO* (grotesco) 30 de noviembre: nace en Buenos Aires *Roberto COSSA*	
1935	Muere Carlos Gardel Se estrenan los tangos *Cambalache* de Enrique Santos Discépolo y *Volver* de Gardel y Lepera.
1937	Triunfa la fórmula Ortiz-Castillo en las elecciones presidenciales. A. Troilo debuta en *Mi tango triste* *Daniel Tynaire filma MATEO.*
1939	Comienza la Segunda Guerra Mundial. Frente a Punta del Este, luchan cruceros británicos y el acorazado alemán *Graf Spee*. El acorazado es destruido y sus tripulantes se asilan en Argentina.
1940	
1941	Se inaugura la Av. Gral. Paz. Aumenta la afluencia de provincianos a Buenos Aires; se difunde la música folklórica; triunfan los Hermanos Avalos.
1942	Se estrena *Uno* de Mariano Mores y Enrique Santos Discépolo. Lucas Demare filma *La guerra gaucha, El cura gaucho y El viejo Hucha*.
1943	El GOU, logia nacionalista del Ejército, da un golpe de Estado. Se crea

EL AUTOR	ACONTECIMIENTOS HISTORICOS Y CULTURALES SIGNIFICATIVOS DE LA EPOCA.
	la Secretaría de Trabajo y Previsión a cargo del Cnel. Juan Domingo Perón.
1944	Perón, secundado por Eva Duarte, comienza a promover reformas sociales.
1945	Se promulga la Ley de Asociaciones Profesionales que impone la organización de sindicatos por industrias. El 17 de Octubre, Perón, desalojado del poder por una fracción opositora, es repuesto gracias a la presión de los trabajadores.
1946	Se realizan elecciones y triunfa la fórmula Perón-Quijano. Se da a conocer el Primer Plan Quinquenal.
1947	Perón avanza en su plan de independencia económica y justicia social. Se acuerdan ventajas económicas para la implantación de la industria liviana.
1948	Homero Manzi escribe *Sur,* con música de A. Troilo. Siguen filmando Sóffici, Romero, Borcosque y H. del Carril.
1949	Se reforma la Constitución agregándose los Derechos del Trabajador, la Familia y la Ancianidad.
1950	En Francia, Ionesco estrena *La cantante calva* (teatro de vanguardia)
1951	Perón-Quijano triunfan en las elecciones presidenciales; por primera vez votan las mujeres. Se funda Canal 7 de televisión.

EL AUTOR	ACONTECIMIENTOS HISTORICOS Y CULTURALES SIGNIFICATIVOS DE LA EPOCA.
1953	Continúa con vigor el movimiento de teatros independientes. Estrenan Agustín Cuzzani, Atilio Betti, Roberto Arlt. Aparece el cine en color Samuel Beckett estrena *Esperando a Godot* (teatro de vanguardia). Junto con Ionesco, encabezan la Vanguardia europea.
1955	Lonardi encabeza un golpe contra Perón. El 13 de noviembre lo reemplaza Aramburu con Rojas como Vicepresidente. Cárcel y represión para los peronistas.
1958	Gana la fórmula Frondizi-Gómez con la proscripción del peronismo.
1959	Gremios y partidos políticos se oponen a Frondizi. Grave situación económica social.
1961	Frondizi declara que permitir la participación peronista en las próximas elecciones. Comienza la Guerra del Vietnam. El hombre vuela por primera vez al espacio. Ricardo Halac estrena *Soledad para cuatro*. Se inaugura Canal 11.
1962	Un golpe de Estado militar derroca a Frondizi. Asume la Presidencia el Presidente del Senado. Eduardo Pavloski estrena *La espera trágica* (teatro de vanguardia).
1963	Gana las elecciones la fórmula radical Illia-Perette con la proscripción del peronismo.

EL AUTOR	ACONTECIMIENTOS HISTORICOS Y CULTURALES SIGNIFICATIVOS DE LA EPOCA.
1964 *Nuestro fin de semana*	Crece el descontento y la agitación político-social. Vandor anuncia el regreso de J.D. Perón. Al llegar éste a Brasil las autoridades lo obligan a volver. Germán Rozenmacher. *Réquiem para un viernes a la noche.* Sergio de Cecco. *El reñidero.* Jorge Mauricio. *Motivos.*
1965	Ricardo Halac. *Fin de diciembre* y *Estela de madrugada.* Carlos Somigliana. *Amarillo y Amor de ciudad grande.* Griselda Gambaro. *El desatino* (teatro de Vanguardia). L. Favio filma *Crónica de un niño solo* y R. Kuhn, *Pajarito Gómez.*
1966 *Los días de Julián Bisbal* Cossa, Rozenmacher, Halac, Talesnik y otros escriben *Historias de jóvenes.*	Golpe de Estado. Asume Gral. Onganía. Se inaugura el Canal 2 de La Plata.
1967 *La ñata contra el vidrio* *La pata de la sota*	Comienza el Movimiento Hippie en USA. Se intervienen sindicatos y se cierra el diálogo con la CGT. Ricardo Talesnik. *La fiaca.* Carlos Somigliana. *La bolsa de agua caliente.* Alberto Adellach. *Homo dramaticus* (teatro de vanguardia) Griselda Gambaro. *Los siameses.*
1968 Jusid filma *Tute Cabrero* sobre l i b r o de Cossa.	Mayo francés. Revuelta obrero estudiantil de gran influencia entre algunos creadores argentinos. Julio Mauricio. *La valija* Ricardo Halac. *Tentempié I y II*
1969 Cossa, Somigliana, Rozenmacher y Talesnik forman el *Grupo de autores*	Se produce el «Cordobazo», movimiento obrero-estudiantil contra Onganía.

EL AUTOR	ACONTECIMIENTOS HISTORICOS Y CULTURALES SIGNIFICATIVOS DE LA EPOCA.
	El hombre pisa la Luna. Carlos Somigliana. *De la navegación.* Julio Mauricio. *En la mentira.*
1970 Cossa, Somigliana, Rozenmacher y Talesnik escriben *El avión negro.* Halac se suma al Grupo de Autores	El Gral Levingston reemplaza a Onganía. Ricardo Talesnik. *Cien veces no debo.* Gorostiza. *El lugar.* Ricardo Monti. *Una noche con el Señor Magnus e Hijo.*
1971 El 8 de enero fallece *Armando Discépolo.* Cossa, Somigliana, Halac y otros colaboran para el *Teatro de Norma Aleandro* por Canal 7	Muere Germán Rozenmacher
1972	Julio Mauricio. *Un despido corriente La puerta Los datos personales.*
1973	Triunfo del Frente Justicialista de Liberación en las elecciones presidenciales con Cámpora-Solano Lima. Luego Perón-Isabel Perón.
1974 Canal 13 proyecta *Historias del medio pelo* escritas por Cossa, Somigliana, Talesnik, Halac y Rozenmacher en 1969.	Fallece Juan Domingo Perón. Profundo dolor popular. Julio Mauricio. *Los retratos.*
1975 Cossa, Gené, Somigliana, y Halac escriben *La noche de los grandes* para Canal 13	De Cecco. *El gran deschave.* Recrudecimiento del accionar guerrillero (ERP y Montoneros) y profunda crisis económica.
1976	Un golpe militar derroca a Isabel Perón. Comienza el autotitulado Proceso de Reconstrucción Nacional. Violenta represión política y sindical. Halac. *Segundo tiempo.*

17

EL AUTOR	ACONTECIMIENTOS HISTORICOS Y CULTURALES SIGNIFICATIVOS DE LA EPOCA.
1977 *LA NONA*	Ricardo Halac. *El destete* *Un trabajo fabuloso.*
1978	La Argentina gana el Campeonato Mundial de Fútbol realizado aquí. Continúa la represión política y sindical. Aplastamiento progresivo de la industria nacional. Carlos Somigliana. *El ex-alumno.*
1979 *No hay que llorar*	
1980 *El viejo criado*	
1981 *Tute cabrero* *Gris de ausencia*	Teatro Abierto. C. Somigliana. *El nuevo mundo* R. Halac. *Lejana tierra prometida.*
1982 *Ya nadie recuerda a Frederic Chopin* *El tío loco*	2-4. Estalla la guerra de las Malvinas que culmina con la derrota argentina. Profunda crisis política y social. Teatro Abierto. C. Somigliana. *El oficial primero.*
1983 *El viento se los llevó* (Colab. F. Ananía, E. Griffero y J. Langsner)	Elecciones presidenciales; **gana la** UCR con Alfonsín-Martínez. Teatro Abierto C. Somigliana. *Historia de una estatua.*
1984 *De pies y manos*	
1985 *Los compadritos*	J. Mauricio. *Elvira* *El enganche.*

INTRODUCCION

I. EL GROTESCO CRIOLLO. ORIGENES

1. Inmigración y esperanza

Aproximadamente hacia 1850 se produce un reordenamiento de las relaciones económicas internacionales, como consecuencia del cual gran parte de América, incluyendo nuestro país, pasa a jugar el rol de productora de bienes de exportación.

Para la Argentina, poseedora de un rico litoral pampeano y fluvial, significó su inserción en el orden mundial como productora de carne, lana y cereales, destinados casi exclusivamente a los mercados ingleses.

Este despliegue económico impuso la creación de transportes para llevar la mercadería a puerto (ferrocarriles), obras de infraestructura, e impulsó actividades urbanas conectadas al sector agro-exportador.

Desechando la mano de obra local, los gobiernos pensaron concretar el proyecto de la Argentina agroexportadora con «capacitada» mano de obra europea. La Constitución Nacional de 1853 contiene la instrumentación política de este plan económico. Dice el Preámbulo que nuestro país garantiza justicia, libertad, bienestar general «para todos los hombres del mundo que quieran habitar el suelo argentino» y en el artículo 25 de la Primera Parte afirma: «El Gobierno Federal fomentará la *inmigración europea*; y no podrá restringir, limitar ni gravar con impuesto alguno la entrada en el territorio argentino de los extranjeros que traigan por objeto labrar la tierra, mejorar las industrias e introducir y enseñar las ciencias y las artes».

Pero no llegaron los laboriosos y pulcros obreros ingleses que se esperaba; sino una masa de embrutecidos campesinos y obreros de la Europa meridional.

Los primeros contingentes de cierta consideración llegan hacia 1870, más recién en 1880 se transformarán en lo que se conoce como el «aluvión» inmigratorio.

Resumamos este movimiento con algunas cifras:

Año	Habitantes	Presidentes durante estos períodos
1859	1.300.000	Presidencia de Urquiza
1869	1.737.076	Mitre y Sarmiento
1895	3.954.911	Avellaneda, Roca, Juárez Celman, Pellegrini y L. Sáenz Peña
1914	7.885.237	Uriburu, Roca, Quintana, Figueroa Alcorta y R. Sáenz Peña

19

Entre 1859 y 1869, el porcentaje de extranjeros es del 13,8%, entre el 69 y el 95, del 34% y entre 1895 y 1914, del 42,7%.

Estos extranjeros, destinados supuestamente a forjar la riqueza agropecuaria, se ubicaron sin embargo en Buenos Aires en un 50%, que pasó de tener 85.000 habitantes en 1852, 500.000 en 1889 y 1.224.000 en 1909.

Cabe agregar que vinieron sobre todo hombres (70% aproximadamente), en edad laboral (13 a 60 años) y solteros.

Preponderaron los italianos (calabreses, genoveses, napolitanos, piamonteses, lombardos, sicilianos) y los españoles (gallegos, catalanes, madrileños, andaluces) que representaron el 80,39 del total de la población extranjera.

Llegaron además judíos, turcos, griegos, vascos, todos usufructuando los beneficios del Artículo 25 y echando por tierra las fantasías de los ochocentistas de poblar nuestras pampas con los «hombres viriles del norte» (Inglaterra).

Esta aglomeración desproporcionada en Buenos Aires (en menor medida Rosario) se debió a que la política inmigratoria no fue acompañada por una reforma del régimen de tenencia de la tierra, acaparada por los terratenientes, de modo tal que pocos pudieron adquirirla. La mayoría fueron arrendatarios o puesteros, reducidos a la semiesclavitud del trabajo agotador y mal pagado.

Es necesario destacar que este asentamiento del inmigrante en el campo fue interpretado como una invasión por parte del criollo, originando rivalidad y desprecio mutuos, que no se apagarían en muchos años. Los hábitos de trabajo metódico, la sumisión al patrón, el ansia de juntar dinero característicos del inmigrante, provocaron el desprecio del gaucho.

Sin embargo, la adaptación del campo al mercado exportador los transformará en compañeros de penurias. El reemplazo del ganado criollo por el de raza, la conversión de tierras pastoriles en tierras de labranza, modifican la estancia criolla. Todo pedazo de tierra es productivo y entonces no queda lugar para que el criollo se asiente con su familia y sus animales; se adapta mal y es rechazado por el patrón para la agricultura. Así, el gaucho, empobrecido, va a enfilar hacia los suburbios de la ciudad, a las orillas. Buenos Aires los reunirá en el conventillo.[1]

¿Quiénes eran esos gringos que llegaban al Hotel de Inmigrantes, qué los había movido a abandonar su país, qué esperaban conseguir en América?

El hambre, la desocupación, la resistencia a convertirse en obreros de grandes sectores tradicionalmente agrícolas, la posibilidad de ascenso social, eran los motores que impulsaban a los inmigrantes a embarcarse. Por eso llegaron campesinos, obreros desocupados y, en menor escala, militantes anarquistas[2] y socialistas [3] escapando de la persecución política.

---

1 Este proceso y la consiguiente rivalidad criollo-gringo son registrados desde temprano por nuestra escena, primero en el picadero circense y luego en el teatro. Ya en el *Juan Moreira* (1884) representado por los Podestá en el circo, aparece el gringo Sardetti, italiano, *pulpero*, quien para no pagar a una deuda que tiene con Moreira, logra hacerlo meter en el cepo. El *drama rural* registra desde la última década del 900 aproximadamente, el progresivo agotamiento del gaucho, el dificultoso y sacrificado asentamiento del gringo, proponiendo a veces una instancia superadora con la integración criollo-inmigrante. Mencionamos *La gringa* (1904) de Florencio Sánchez, *Las víboras* (1916) de Rodolfo González Pacheco y *Madre tierra*, (1920) de Alejandro Berruti.

2 *Anarquismo*. Doctrina filosófica y práctica política surgida en el siglo XIX, que propugna el igualitarismo entre los hombres, la búsqueda del placer individual y el ejercicio libre de la voluntad del individuo que no se somete a ninguna institución social (matrimonio, estado, iglesia, partido). Se asocian a estas ideas la de la abolición de la propiedad privada y la justicia social. Sus ideólogos fueron Bakunin, Sebastián Faure, Enrico Malatesta; este último llega a Buenos Aires en 1885 dándole gran impulso al movimiento anarquista. A menudo la

20

Pero siempre América, ya fuera Estados Unidos o Argentina, era la tierra de la utopía [4], el lugar donde se materializarían sus esperanzas: una propiedad, trabajo honrado y fecundo, prosperidad económica, seguridad. «Hacer l'América» y después regresar, ricos, bien considerados por vecinos y parientes, o quizá, quedarse aquí y traer luego a la familia.

Las abundantes Guías y Manuales que circularon en esa época destinados a orientar al posible emigrante a Argentina, incluyen en general una descripción de nuestro país como la tierra de la utopía agraria. Dice uno de ellos: es un lugar lleno de «océanos de hierba, forestas tropicales, montañas de hielo,... puertos y campos donde se pierde la imaginación y la vista o donde no hay vegetal imposible de cultivar».[5]

Sin embargo, sin poder integrarse al trabajo agrícola, la mayoría se quedó en Buenos Aires, en zonas cercanas al puerto (en los abarrotados conventillos del barrio Sur) y luego fue poblando los terrenos bajos y casi desiertos de Flores, Barracas, San Cristóbal, Belgrano o Saavedra.

Los hombres fueron absorbidos por la incipiente industria, aún casi artesanal, los ferrocarriles, el puerto, el comercio, el transporte, o bien trabajaron como peones o personal de servicio. Las mujeres se hicieron tejedoras, constureras, planchadoras, oficios que cumplían en el hogar. La máquina de coser forma parte casi obligada de la escenografía del teatro de la época.

A pesar de las rivalidades que separaban a los inmigrantes entre sí (italianos y españoles) o a inmigrantes y criollos, la convivencia estrecha del conventillo y las miserias compartidas, disolvieron el aislamiento social.

La lengua sufrió profundos cambios. Cada grupo étnico, urgido por la necesidad de comunicarse, se lanzó a hablar una media lengua mezcla de su idioma vernáculo y castellano, que convirtió la ciudad en una segunda Babel. Este pandemónium[6] lingüístico se convirtió en fuente inagotable de comicidad del teatro de la época.

Para aumentar la confusión se agrega el lunfardo, primero jerga de delincuentes, inventada para poder burlar la persecución policial y por lo tanto permanentemente cambiante. Concurren a él voces de inmigración y del campo acercado a las orillas. El lunfardo se generaliza luego entre los sectores populares más humildes y se fija con el tango y la milonga (alrededor del 20) y con algunos poetas: Carlos de la Púa, José Pagano.

Si bien pocos lograron «hacer l'América», algunos, más hábiles o menos escrupulosos se hicieron ricos en poco tiempo. La mayoría logró un modesto pasar, sustentado por el ahorro meticuloso y el trabajo denodado de toda la familia.

disolución del orden imperante se hacía violenta y cometían atentados terroristas. En nuestro país fue famoso el atentado contra el Jefe de Policía Ramón Falcón en 1919, asesinado por un anarquista ruso.

3 *Socialismo.* Doctrina filosófica y práctica política que plantea la supresión de la propiedad privada de los medios de producción. Surge en Europa alrededor de 1830. Comparte el ideario anarquista pero somete al individuo a la sociedad. Anarquistas y luego marxistas organizaron los primeros gremios en nuestro país y condujeron las huelgas de principios de siglo.

4 *Utopía.* En sentido estricto «lugar que no existe». Se usa para nombrar un plan o proyecto halagüeño, pero irreal o irrealizable.

5 Armus, Diego. *Manual del Inmigrante Argentino.* Bs. As. CEAL. 1983 «Historia Testimonial Argentina», Vol. 8

6 *Pandemónium.* Lugar de mucho ruido y confusión.

Hacia 1910 podíamos encontrar en la provincia de Buenos Aires, clases sociales con características e intereses bien diferenciados: un proletariado urbano inmigratorio; una clase media argentino-inmigratoria, urbana y rural, con preponderancia de extranjeros en el comercio y en las pequeñas explotaciones agrícolas; un proletariado rural, igualmente mixto; una burguesía industrial muy débil pero preponderantemente extranjera; una clase terrateniente de antiguo origen hispánico, con aportes de algunas familias estancieras británicas y de directivos de sociedades anónimas».[7]

El afianzamiento económico y social, se completó con la participación política en los destinos de la patria nueva. Primero la Unión Cívica y luego el Radicalismo yrigoyenista, ley de sufragio universal mediante (1912), fueron los canales de participación de inmigrantes y sobre todo, de sus hijos nacidos en el país.

2. Inmigración y fracaso

Pero no era para todos la Argentina de la abundancia. A poco de llegar, el inmigrante descubría que si bien abundaban las libras esterlinas, eran ajenas; que si bien se podía conseguir trabajo en la ciudad, el pedir una distribución más equitativa de las ganancias era castigado con la cárcel, la expulsión del país y hasta la muerte.[8]

Que para sustentarse, una familia debía trabajar jornadas de doce horas, incluyendo mujer e hijos. Que las huelgas o manifestaciones solían terminar con hombres muertos por la policía o el ejército.

El trabajo embrutecedor y las injusticias se hacían más difíciles de sobrellevar por las miserias morales: la soledad, los anhelos malogrados, la nostalgia, la incomunicación, el desamparo. Basta decir que cerca de la mitad de los que llegaron, retornaron a su patria.

La falta de infraestructura necesaria para afrontar el vertiginoso crecimiento poblacional (cloacas, agua potable, luz), la mala alimentación, los escasos hábitos de higiene de los nuevos habitantes favorecieron la aparición de enfermedades.

La miseria y el hacinamiento favorecieron la «mala vida». Edmundo Rivero en *Una luz de almacén* proporciona una taxonomía de los *laburos* ilegales: el *burrero*, el *empalmador*, el *escamoteador*, la *mechera*, el *jiquero*, el *punguista* y el *levantador*.[9]

La lista se completa con los de la «pesada», *pistoleros* y *biabistas* y los más especializados, los *escruchantes*.

Dueños de una habilidad especial, formaban grupo aparte los *cuenteros*, quienes vendían al incauto objetos robados, falsos o inútiles. Una de las Guías destinadas a los emigrantes italianos, de las que ya habláramos, advierte sobre el «cuento del tío»: «En guardia con los embusteros. Allí le decía que abundaban, aquí (Buenos Aires) le digo que son legiones».[10]

7 Onega, Gladys S. *La inmigración en la literatura argentina* (1880-1910). Buenos Aires, CEAL. 1982. «Capítulo. Serie complementaria: Sociedad y Cultura». Vol. 15.

8 En 1803 se sanciona en el Senado la Ley de Residencia, por la cual se autoriza al Poder Ejecutivo a expulsar del país a todo extranjero considerado peligroso para la seguridad nacional o el orden público.

9 Rivero, Edmundo. *Una luz de almacén (El lunfardo y yo)*. Bs. As., Emecé 1982.

10 Armus, Diego. Op. cit.

Un tipo particular de cuenteros, los *pequeros,* engañaban con los naipes o los dados cargados. Los más esforzados eran los *mosqueteros* que con tres cartas, tres vasitos o tres medias nueces y rápidos dedos engañaban al apostador.

Más humildes pero no menos efectivos eran los mendigos, músicos ambulantes y lisiados, generalmente fingidos, que apelaban a la caridad o la culpa ajena.

Tema aparte merece la mujer. Sobre ella pesaba una estricta sanción moral, pero una vez dado el «mal paso», generalmente empujada por la miseria, entraba en la vía de la prostitución de la que difícilmente se podía regresar.

La reiteración de este tema en el teatro, la narrativa, la poesía y el tango, revelan la importancia que adquirió en esa época.[11]

El sexo fue un lucrativo comercio en el que se invirtieron grandes capitales; hubo desde cadenas de prostíbulos hasta la más modesta empresa del *cafiolo*[12] que hacía trabajar a una o dos pupilas.

Nos hemos detenido en esta materia, pues la «mala vida» es reflejada con precisión por el teatro de este período, sea en su vertiente cómica, el sainete, pero con mayor detenimiento y profundidad en el grotesco y el drama de intención crítica.

3. Matinée, Vermouth y Noche

Junto con los inmigrantes, ingresa en nuestro país el teatro por horas, donde se cultivaba el *género chico,* de procedencia hispánica.

Se llamaba así a obras de no más de una hora de duración, cuya brevedad permitía a los empresarios organizar *espectáculos por secciones,* es decir, varias funciones en un mismo día, al modo actual de los cines. Generalmente eran: Matinée (15 horas), Vermouth (18 horas) y Noche (20, 21, 22 y/o 23 horas). En 1928, la cartelera del *Teatro Nuevo* (Corrientes 1528) anuncia a la «Compañía de teatro por hora: Roberto Casaux (Director de la compañía). Funciones: 18, 21, 22 y 23 horas».[13]

Este teatro breve estaba constituído por piezas de distinta índole: sainete, vodevil[14], revista[15], zarzuela[16] y otras, que tenían en común la inclusión de música y canto, el carácter reidero y el sentido festivo.

11 Mencionamos el Rufián Melancólico de *Los siete locos* de Roberto Arlt (1929), o la memorable «costurerita que dio aquel mal paso» de los versos de Evaristo Carriego; en el teatro, perdidas y redimidas, la Teresita de *Tangos, tongos y tungos* de Carlos Mauricio Pacheco o *María, la tonta* (1927) de Francisco Defilippis Novoa; en el tango, *Percal* y *Fangal* de Homero Expósito o *Griseta* de José González Castillo.

12 *Cafiolo.* Voz lunfarda que designa al hombre que hace trabajar para su provecho a una o varias mujeres en la prostitución. Son sinónimos *cafishio, canfinflero.*

13 En: *Comoedia.* (Revista teatral). Bs. As., 1 de abril 1928. Año III, Nro. 36.

14 *Vodevil.* (vaudeville). Género que incluye cuplés. Se caracteriza por los numerosos y disparatados enredos y la comicidad gruesa.

15 *Revista.* La revista criolla proviene de su igual española, espectáculo basado en el canto, el baile y la comicidad de doble sentido, y la alternancia de números, diálogos, monólogos, cantos y bailes dan al espectáculo un efecto dinámico y contrastante. La revista criolla agrega la sátira política y la presentación de asuntos de la vida nacional contemporáneos.

16 *Zarzuela .* Espectáculo español popular, basado en la música y el baile, que alternan con diálogos con intriga amorosa de final feliz. En nuestro país fueron famosas *La gran vía* y *La verbena de la Paloma.* La zarzuela criolla incorpora asuntos nacionales de actualidad, como el aniversario del 9 de Julio, los problemas limítrofes con Chile.

La especie que arraigó con mayor fuerza fue el *sainete,* pieza en un acto, con cantables, cuya intriga gira alrededor de un conflicto amoroso con final feliz, o la crítica de costumbres. Por él desfilan los tipos populares de las clases medias y bajas, con su lengua y usos característicos.

Al acriollarse el sainete cambió el pueblo español, por el nuevo pueblo argentino, y presentó a gringos y criollos; cambió la calle madrileña por el habitat porteño: el conventillo. Más precisamente, el patio.

Verdadero espejo de costumbres, reflejó el rápido proceso de trasculturación que estaba produciéndose en la ciudad y fue un elemento inportante para la formación de la identidad de esos hombres que iban a reconocerse al teatro.

Recreó los cambios lingüísticos productos de la convivencia de las nacionalidades, el *lunfa* y el habla de la clase media. Reemplazó poco a poco las tonadillas españolas por las vidalitas, los tristes estilos y más adelante, el tango.

Quizá una de las innovaciones más importantes sea la introducción del *elemento trágico,* reflejo de la realidad vital problemática, que modifica el desenlace feliz y las habituales intrigas amorosas. Mantiene del sainete español la intención costumbrista.

Lo trágico encarna en el personaje. Junto con los *tipos,* representantes de un sector inmigratorio, clase social o profesión, aparecen los *caracteres,* personajes que manteniendo las características de los anteriores, se enriquecen con la profundización psicológica y movilizan la acción dramática.

La profundización psicológica y la presencia de lo trágico son los gérmenes del grotesco, que crecen en el corazón mismo del sainete.

También dentro del género chico, pero continuando una tradición nacional, apareció en esta época el *dramón gauchesco.* Era heredado del *drama gauchesco,* representado en el circo criollo[17]. Al adaptarse al género chico, acentuó sus rasgos de divertimento: música, canto y bailes rurales, cambios escenográficos, dramatismos efectistas con abundantes muertes atenuados por la presencia de personajes cómicos.

También se representaban en este teatro por secciones, *obras costumbristas* en un acto, de intriga simple y sin música ni baile. Aparecían en ellas la gente de la campaña bonaerense o de la ciudad, los inmigrantes, la clase media, todos con sus pequeños o grandes dramas cotidianos. Su intención podía ser aprobatoria o crítica de las costumbres.

Abundaban asimismo los *dramas* en tres actos, de corte realista o naturalista[18], de indudable intención crítica para con la sociedad. A veces la preocupación por

---

17 *Drama gauchesco.* Es una pieza en tres actos, basada en las peripecias que sufre el héroe gaucho, quien revelándose contra la injusticia, se «desgracia» matando a sus ofensores y es perseguido por la «justicia» (juez de paz, policía). El drama gauchesco nació en el circo criollo. El circo era el entretenimiento preferido de los sectores populares ya desde la época de Rosas, en la que había alcanzado su mayor esplendor. Hacia 1880 organizaba su espectáculo en dos partes: en la primera, actuaban contorsionistas, trapecistas, acróbatas, payasos y tonys, animales; en la segunda parte se representaba en pantomina argumentos de sainetes o las desventuras de Pierrot, criado ingenuo y honrado, protagonista de innumerables pantomimas francesas. La Compañía de los Hermanos Podestá, artistas circenses, pone en escena por primera vez una historia gaucha, a la que más tarde, en vista del éxito, le agrega letra. Esta historia era la de *Juan Moreira,* protagonista de un célebre folletín de Eduardo Gutiérrez. El drama gauchesco pasó del circo al teatro junto con los Podestá, pero desapareció hacia la primera década del 900.

18 *Realismo y naturalismo.* Escuelas artísticas que proponen una descripción objetiva de la realidad y surgen en Europa a fines del Siglo XIX.

comunicar con claridad el mensaje a los espectadores, llevaba a los autores a un verbalismo que atentaba contra la agilidad de la obra. Son dignos de mención *El hijo de Agar* (1915) de José González Castillo, quien asume allí la defensa de las madres solteras y los hijos bastardos y denuncia la desprotección en que la legislación los abandona. Estas víctimas son generalmente «modestas obrerillas, o ignorantes sirvientas, víctimas del capricho y de la infamia de los seductores profesionales, patrones, capataces y jefes».

Dentro del naturalismo, Francisco Defilippis Novoa, plantea en *Los inmigrantes* (1922, un acto) la influencia del medio social sobre el carácter, responsable de vicios o «caídas».

Gran cantidad de obras reflejaban la agitada lucha social encabezada por los sindicalistas o la corrupción de los políticos. Recordemos *Puerto Madero* (1923) de José González Castillo y Juan Camorera que representa la cruel represión de una huelga de obreros portuarios.

A veces las reivindicaciones sociales tienen un marco rural, como en *Madre tierra* (1920) de Alejando Berruti o *Campo de hoy, campo de nunca* (1930) de Pedro E. Pico.

También se cultivó en abundancia la *comedia costumbrista*, que ubica su intriga en familias de clase media, criticando aunque con benevolencia sus debilidades características; la hipocresía, las ansias de figuración, el desapego al trabajo, el despilfarro, la frivolidad, la falta de cariño familiar. Dentro de este grupo podemos mencionar *La casa de barro* (1924) de José Antonio Saldías o *La novia de los forasteros* (1926) de Pedro E. Pico.

De tintas más cargadas son *El complot del silencio* (1917) de César Iglesias Paz y *La cuna vacía* (1926) de José Berruti, en las que se condena a la mujer que no cumple con «la augusta misión de hija, esposa y madre, que Dios le ha impuesto sobre la tierra» y que cambiando los deberes del hogar por los placeres de la «garconniere»[19] deja de ser mujer para «convertirse en una hembra vulgar».[20]

Restaría mencionar el *drama histórico*, como *Alvear* (1924) de David Peña y en especial las obras que recrean la época de Rosas. Son destacables *Romance federal* (1928) de José Antonio Saldías, «Sobre la base de los datos, documentos y comprobaciones publicados por Adolfo Saldías», *La mulata del Restaurador* (1932) de Héctor Pedro Blomberg y Viale Paz, con música de Enrique Maciel, que entremezcla con los episodios danzas (vals, triunfo) y cantos (Copla de la Parda Balcarce).

Sintetizando, podemos caracterizar este período que va aproximadamente de 1890 a 1930, como el de la consolidación y apogeo del teatro nacional, durante el cual coexisten en forma estable los elementos que configuran el hecho teatral: autor, obra, actor y técnicos de la escena y público.[21]

Sólo a modo de guía podemos mencionar a algunos autores, como Ezequiel Soria, Nemesio Trejo, Enrique Buttaro, Enrique García Velloso, Miguel Ocampo,

19. *Garconniere*. Era el departamento de soltero, lugar de citas amorosas clandestinas. Era indicador de un status social elevado.
20 José J. Berrutti. *La cuna vacía.* Comedia en tres actos.
21 Para ampliar este tema recomendamos la lectura del artículo «El género chico criollo. Primera síntesis nacional de institución, creación y público» de Nora Mazziotti. En: *CREAR en la cultura nacional*, Bs. As., Año 3, Nro. 11, Nov. Dic. 1982 y de esta misma autora, en esta colección, *Comedias y Sainetes argentinos*. Antología I, Bs. As., Colihue, 1984, «LyC».

Carlos Mauricio Pacheco, Pedro E. Pico, Nicolás Granada, Federico Mertens, Roberto Payró, Roberto Cayol, Francisco Defilippis Novoa, Armando Discépolo, Alberto Vacarezza, Alberto Novión y podríamos seguir.

Por otra parte, las compañías de actores se multiplican velozmente, para cubrir las exigencias de un público numeroso y entusiasta. Los hermanos Podestá, Pepe, Jerónimo y Pablo se separan, formando cada uno su troupe.

En este período surgen los renombrados: Eva Franco, Angelina Pagano, Roberto Casaux, Luis Arata, Enrique Muiño, los Ratti, Marcelo Ruggero, Florencio Parravicini, y cada uno es cabeza de compañía.

Convertido el teatro en una actividad lucrativa, se crean numerosas salas dirigidas por empresarios teatrales. Son renombrados el Politeama, el Nacional («catedral del género chico»), el Smart, el Liceo, el Buenos Aires, el Apolo, el Argentino...

La adhesión constante del público posibilita otras actividades conexas, como la aparición de publicaciones *semanales* dedicadas a reproducir los textos de las obras nacionales estrenadas o a difundir las novedades extranjeras. Tales *Bambalinas* (comienza en 1918), *La Escena* (1918), *El Teatro Argentino* (1919), *El Entreacto* (1922), *Comedia* (1926).

Si agregamos los concursos de autores y actores, las giras al interior y exterior, las instituciones creadas para proteger los intereses de actores, autores y empresarios o las escuelas de formación de trabajadores del espectáculo,[22] tendremos una idea aproximada de la magnitud de este fenómeno cuyas influencias llegan hasta hoy.

4. Radio, cine y bataclán

Al comenzar la década del '20 se advierten los primeros síntomas de agotamiento del fenómeno que describiéramos.

Por una parte, la producción acelerada (uno o más estrenos semanales por cada compañía) obligaba a los autores a escribir precipitadamente, disminuyendo a veces la calidad de las piezas o provocando la repetición de temas, personajes y recursos cómicos. El público, fatigado, comenzaba a orientarse hacia otras formas de diversión.

La *revista criolla,* con sus monólogos de actualidad y sus bataclanas[23] ligeras de ropas, atraían cada vez a más público. Con las nacionales, competían las revistas francesas y españolas. Eran celebradas las cupletistas[24] españolas del *varieté,* (espectáculo o teatro de variedades) que combinaba números cómicos, cantantes, bailarines, payasos, magos y números de ballet.

En 1928, de treinta y tres teatros del centro, verdadera «vía láctea del nuestro universo comiqueril» (como decía una revista de la época) siete se dedican a la re-

22 Cfr. *Cronología.*

23 *Bataclana:* Se daba este nombre a las bailarinas de los espectáculos revisteriles o de varieté, generalmente ligeras de ropas.

24 *Cupletistas.* Se llamaban las cantantes de *cuplés,* adaptación al castellano del francés *couplet,* copla. Los cuplés eran canciones jocosas, de honor picaresco y a veces desvergonzados. Llegó a nuestro país por medio de las cupletistas españolas, verdaderos ídolos del público. Algunos cuplés famosos fueron *El relicario, La violetera.*

vista (Maipo, Apolo, Porteño, Sarmiento, Ateneo, San Martín, Florida) y dos al «género picaresco y atracciones de varieté (Cosmopolita) y «espectáculos de variedades y circo - Music-hall» (Casino).

Además, en 1926 el Porteño y el Opera inauguran con gran despliegue escénico y musical un nuevo género que llega triunfante de Nueva York y Londres: la *comedia musical*[25]

Por otra parte, los adelantos técnicos, posibilitan nuevas formas de esparcimiento: cine y la radio.

El 24 de marzo de 1908 se estrena el primer film argentino (mudo) de largo metraje, *El fusilamiento de Dorrego* dirigido por Mario Gallo. Mientras el cine nacional prosigue su trabajoso camino, las tradicionales compañías estadounidenses (Metro Goldwyn Mayer, Artistas Unidos, Sociedad General Cinematográfica, Paramount, Universal Pictures Corporation, Fox) popularizan los rostros de Greta Garbo, Mary Pickford, Douglas Fairbanks, John Barrymore, Lon Chaney, Pola Negri.

En 1928, la proyección de *El gaucho,* protagonizada por Fairbanks, causa irritación y escándalo entre los porteños, pues el pretendido centauro de las pampas argentinas, parece más bien un charro mejicano, de bigote fino y pantalones ajustados.

En este período, los espectadores se recrean con las primeras versiones de *La cabaña del tío Tom, Ben Hur, La madre, La Bohème.*

En 1920 se efectúa la primera transmisión radial; es escuchada la ópera *Parsifal* en el Teatro Coliseo. Para 1922 ya hay radiorreceptores que difunden música nacional por medio de programas en vivo, promoviendo a verdaderos ídolos.

En 1926, Federico Mansilla, con Orfilia Rico y Angelina Pagano, forman una compañía de teatro radial unitario, que transmite obras de autores nacionales. Este es el primer paso hacia el *radioteatro,* que en 1931 lanza Andrés González Pulido[26].

El radiorreceptor congregaba a su alrededor a numerosos oyentes, que seguían fielmente la programación de cada emisora y participaban en su programación, manifestando sus opiniones o preferencias.

5. La primera vanguardia[27]

Las publicaciones especializadas y las críticas teatrales de este período repiten con distintas palabras la misma idea: agotamiento, crisis, decadencia, necesidad de cambio.

«No hay hoy, entre los miles de actores y actrices del teatro nacional, ni apunta siquiera, un sólo intérprete de talento». (Herman Rahiz, en *Campana de palo,* 1925).

25 *Comedia musical.* Es un espectáculo que nace en Gran Bretaña y Estados Unidos a fines del Siglo XIX, caracterizado por la suma de tres elementos: parlamentos en prosa, danza y canto. Ha logrado su mayor popularidad en los Estados Unidos. Citamos como ejemplo la conocida *My Fair Lady.*

26 El radioteatro toma del folletín la modalidad de entregas breves y el héroe gaucho. El primer radioteatro se llamará «La estancia de don Segundo».

27 *Vanguardia:* término militar que designa a la fuerza armada que precede al cuerpo principal. Esta voz se trasladó al dominio del arte para designar a aquellos autores avanzados en relación con su tiempo, revolucionarios por su modo de pensar y de expresarse.

«El público no se hubiera dejado atraer por el espectáculo subalterno y ñoño, si hubiese tenido algo que consultara sus predilecciones». (Defilippis Novoa en *Comoedia*, 1925).

«Las revistas y los sainetes se parecen demasiado, las comedias se hacen sobre moldes arcaicos y los dramas son más para ser leídos en noches de insomnio que para distraer o hacer pensar al despreocupado espectador,...» (Tabanillo, en *Comoedia*, 1926).

Sin embargo, en 1920 aproximadamente y de entre los mismos saineteros, había comenzado la renovación.

Algunos escritores empezaron a cuestionar las condiciones en que el autor creaba (aguijoneado por la prisa o el borderól),[28] a reflexionar en escena sobre la articulación de los elementos del fenómeno teatral: (autor, público, actor), y sobre el problema de la verosimilitud o el ilusionismo teatral. Indudablemente, esta teatralización de una problemática intelectual, sólo era posible por la presencia de un público experimentado y amante del teatro.

Merece citarse a Alejandro Berruti quien, parafraseando a Pirandello, escribe *Tres personajes a la pesca de un autor* (1927)[29]. Presenta aquí una situación característica del teatro de la época estreno tras estreno.

«*Actor A:* ...Hemos estrenado anoche con éxito y hoy otra vez ensayo. ¡Ya estoy harto!

Actor B: Estos empresarios son insaciables. Vamos a estreno por semana para que no bajen las entradas,...

Actor A: ¡Ah! Pero ya se acabará esto de reventarse por un sueldo. El año que viene formo compañía»[30] (Cfr. Introducción I.3).

Censura a los autores, quienes se limitan a copiar la realidad, tan colorida que de por sí da materia abundante para el teatro. Dice uno de los personales, un «tano»:

«*Pascual:* (...) Se de este modo l'autore no pone nada suyo. Copia a un satre italiano como yo, per ejemplo; copia al tendero de enfrente que es gallego; al vigilante de la esquina, que es cordobeso; a un chofer de tachímetro, que es catalán; ajúntano esto tipo en un cafetín para que discutan entre ellos, e te háceno un sainete. El público no se ríe per la gracia que pone l'autore, se ríe del modo come hablamo nosotro e de nuestra caricatura».

Por su parte, José González Castillo, pone en escena los entretelones de la creación dramática en *Cómo se hace un drama* (1921) y en *Diálogo de vanguardia*[31] se interna en los problemas de la «ilusión de la realidad» escénica. Dice uno de los personajes: «Y el teatro es eso, simplemente, imaginación del público (...). Con ella reemplaza a la realidad y a sus apariencias: acepta la ficción y cree en ella».

Este breve diálogo constituye una verdadera pieza de vanguardia, pues rompe

---

28 *Borderó:* Del francés *bordereau,* cuenta de las ganancias obtenidas en boletería.

29 Luigi Pirandello, dramaturgo italiano de gran predicamento entre nuestros autores, había escrito en 1921 *Seis personajes en busca de un autor.*

30 Era común que un actor que se consagrara interpretando una obra, inmediatamente organizara su propia compañía, constituyéndose en su cabeza.

31 *Diálogo de vanguardia* fue publicada por la revista *La Escena,* Año XVI, Nro. 766, del 2 de marzo de 1933, pero se omite la fecha de estreno.

con la concepción realista (ya tradicional) del espacio, del tiempo y los personajes.

Esta temprana reflexión sobre el carácter imaginario de la representación y la posibilidad consiguiente de desprenderse de la reproducción verista de la realidad, será el punto de partida de los movimientos de vanguardia que hacia 1950 revolucionan la escena europea.

Francisco Defilippis Novoa es otro de los dramaturgos que, salido del teatro por horas, promueve una renovación. El teatro debe proporcionar «la interpretación del hecho real, en contraposición a la fotografía del hecho[32] y contribuir a la «educación de las masas».

Esta nueva estética se plasma en *María la tonta* (1927), obra expresionista[33] que subtitula «Glosario de versículos de una Biblia irreverente», y que reproduce alegóricamente el advenimiento de Cristo entre los miserables de nuestra ciudad.

En 1930 escribe *He visto a Dios,* que él mismo titula «Misterio moderno», pero es un grotesco criollo en un acto, a nuestro juicio su pieza más perfecta y una de las mejores del teatro nacional.

Es necesario recordar también a Samuel Eichelbaum, que ha comenzado a escribir en 1912 *(Por el mal camino)* y que aporta un estilo introspectivo, con personajes que bucean en su intimidad. Según Alfredo de la Guardia se reconocen en Eichelbaum las influencias de Dostoievski, Ibsen y Strindberg[34]. De esta época son *Cuando tengas un hijo* (1929), *Señorita* (1930) y *Soledad es tu nombre* (1932).

En otra línea, surgen para entonces una serie de piezas que podríamos llamar naturalistas, pero centradas en el tema sexual.

El sexo es presentado como un instinto poderoso que regula la vida social. «El instinto sexual no tiene ni respeta otra ley que la de la posibilidad». «La monogamia es contraria a la naturaleza en su principio básico y es una mentira burda en la vida social», dice uno de los personajes de *Su majestad la carne* (1926) de Folco Testena, que cierra la obra arrojándose sobre su esposa adúltera para besarla, «con un bramido de selva en amor».

Junto a estos personajes que transgreden todas las normas de convivencia social impulsados por la pasión, aparecen corruptos de toda laya: curas usureros, socialistas vendidos al capital. Dentro de la misma línea mencionamos *Arrabalera* (1928) también de Testena y *La danza de la rueda,* publicada por Bambalinas (1928), pero cuya representación fue prohibida «Por pornográfica-Inmoral-No apta para mujeres». Y sigue: «El contacto de los sexos regido por el instinto como una fuerza fatal».

Asimismo tratando de «poner al día» la escena nacional, según las nuevas corrientes de teatro europeo, surge en 1929 el Teatro Experimental de Arte (TEA),

32 En un reportaje publicado por La Razón el 2 de julio de 1930, titulado «El teatro de vanguardia, directores, autores intérpretes».

33 *Expresionismo:* Movimiento artístico que nació en Alemania hacia 1910 y tuvo vigencia hasta 1924. En el expresionismo se plantea como objetivo la restauración de los valores espirituales, sofocados por el material. Intenta reproducir la realidad no tal como es, sino tal como es percibida por el creador.

34 *Dostoievski,* Fedor M.: Novelista ruso (1821-1881). Su obra, de un realismo vigoroso ahonda en la psicología de sus personajes. Son célebres *Crimen y castigo, Los hermanos Karamazov.*
Ibsen, Enrique: Dramaturgo noruego (1828-1906), máximo exponente del teatro realista de ideas. En todas sus obras realiza una apasionada defensa del individuo. Mencionamos: *Casa de muñecas, El pato salvaje.*
Strindberg, Augusto: Dramaturgo sueco (1849-1912), considerado por algunas de sus obras como naturalista. Se destacan la ferocidad de las pasiones que agitan a sus personajes, y la presencia de las leyes biológicas (herencia) rigiendo la vida de los mismos. Mencionamos: *La señorita Julia, El padre, El pelicano.*

integrado por artistas pertenecientes al grupo de Boedo[35]: Abraham Vigo, Alvaro Yunque, Elías Castelnuovo, Leónidas Barletta, Guillermo Facio Hebequer, Octavio Palazzolo.

Disuelto, en 1930 Leónidas Barletta funda el Teatro del Pueblo y en 1933, los mismos artistas del TEA fundarán el Teatro Proletario. Merece destacarse la actitud contestataria de ambos grupos respecto del teatro comercial y el intento de escapar de la tiranía de los empresarios. Estos serán los pioneros del vasto movimiento de teatros independientes que continuará por más de veinte años.

Y hemos dejado para el final otra especie que aparece remozando la fatigada escena nacional: el *grotesco criollo*.

Apuntamos por ahora sólo una definición: pieza breve, de espacio urbano, que a través de situaciones cómicas desnuda una realidad trágica. Y algunos nombres: Armando Discépolo, Deffilipis Novoa, Albeto Novión, Alejandro Berruti.

II. CARACTERISTICAS

1. Lo grotesco

El diccionario de la lengua castellana ubica el origen del término en Italia. Dice «*Grotesco:* del italiano: grottesco: de grotta, gruta. Ridículo, extravagante. Irregular, chocante, grosero y de mal gusto».

Este término nace en la historia del arte designando a ciertas pinturas ornamentales halladas en Italia a fines del siglo XV y cuyo estilo rápidamente se difundió entre los pintores renancentistas. Por ejemplo, un grotesco de Rafael[36] representaba zarcillos que se enroscaban y desenroscaban y cuyas hojas se iban transformando en animales. Finas líneas verticales soportaban candelabros o templos, contrariando las leyes físicas. Es decir, todo indicaba la contradicción de las leyes naturales (separación de los mundos vegetal y animal, peso, tamaño).

Más tarde, en otros artistas, el efecto de contraste se acentúa. En un mundo claro y rigurosamente ordenado, va emergiendo un mundo oscuro y siniestro. Animales que se trastocan en hombres (peces con piernas y expresiones de dolor humano); vegetales cuyas ramas terminan en dedos; utensilios cotidianos como un cuchillo, un plato, que cobran vida al moverse impulsados por extrañas piernas o patas; casas de cuyas ventanas emergen cabezas gigantescas, cuyo cuerpo no podría ser alojado en ellas (pérdida de la proporción); suspensión de las leyes físicas, como la de gravedad, por la representación de platos que se sostienen extrañamente apoyados en una mesa que flota patas arriba; rostros que van convirtiéndose en máscaras rígidas e inexpresivas.

Pero, más allá de las distintas formas que lo grotesco cobra, lo característico es la imposibilidad de establecer los límites entre un orden y otro: lo animal y lo vegetal, el objeto y el hombre, lo real y lo fantástico.

35 *Grupo de Boedo:* Grupo de jóvenes literatos que se oponían a la gratuidad del arte, concibiéndola como un arma contra la injusticia social o para la imposición de ideas políticas. Desarrollaron por lo tanto la narrativa y el teatro. Sus órganos de difusión fueron *Campana de palo, Dínamo* y sobre todo *Los pensadores*. Reconocen como modelos Florencio Sánchez, Evaristo Carriego y Roberto Payró.

36 *Rafael:* Pintor italiano (1483-1520) renancentista, célebre por los frescos que pintara en la Capilla Sixtina del Vaticano.

Esta representación de la realidad provoca en el receptor un sentimiento de angustia, al no poder ubicarse frente a un mundo siniestro cuyas ordenaciones se hallan suspendidas.

En el siglo XVIII Wieland ofrece «un análisis de su efecto psíquico... Se despiertan varias sensaciones, evidentemente contradictorias: la *sonrisa* ante las deformaciones y la *repugnancia* ante lo siniestro, lo monstruoso en sí. Como sentimientos fundamentales, empero (...) se hacen notar la *sorpresa,* el *estremecimiento* y una *congoja perpleja* ante un mundo que se está desquiciando mientras ya no encontramos apoyo alguno».[37]

Es interesante destacar la conexión que desde sus orígenes ha establecido el grotesco con lo *cómico,* hasta tal punto que se lo clasifica a menudo entre otras de sus formas: la sátira, la ironía, la burla, etc.

Sin embargo, existe una diferencia, pues lo cómico anula la grandeza y la dignidad de la realidad, pero sin ponerla en duda. Provoca en el espectador un sentimiento de *superioridad* ante lo presentado o de *complicidad* con quien está haciendo la broma. Es el caso de los innumerables sabios distraídos (el espectador ríe pues él está atento al mundo y no incurre en el error de distraerse) o de los ladrones robados (el receptor se solidariza con la víctima y ríe del ladrón burlado).

En cambio, el grotesco, por la presencia simultánea de lo cómico y lo trágico, impide al receptor situarse en cualquiera de los terrenos seguros de la tragedia y la comedia, y llorar o reír sin trabas. Por el contrario, la risa será ahogada por la angustia o el dolor y sonreirá mientras llora.

Analizamos hasta aquí los efectos que el grotesco provoca en el receptor. Más, ¿de qué medios se vale el creador para provocarlos?

En general diremos que destruye las categorías de orientación en el mundo: los órdenes de la naturaleza, la categoría de objeto, el concepto de personalidad, el orden histórico, la coherencia lingüística, las leyes físicas, las leyes estéticas (lo bello-lo feo, lo cómico-lo trágico).

En tercer término, podríamos preguntarnos qué impulsa al creador a utilizar el grotesco para expresarse.

Una obra de arte manifiesta en general la conformidad del autor con el mundo en que vive o bien la derrota ante la imposibilidad de transformar un mundo destruído. El creador que utiliza el grotesco, representa una tercera posición frente a la realidad. Comprometido con ella, expresa un mundo desquiciado, pues cree en la posibilidad de un mundo armónico. Por ello el grotesco es una de las formas más comprometidas de comunicar el mundo y el hombre. Basta nombrar a Swift[38] *(Una modesta proposición...),* Rabelais *(Gargantúa y Pantagruel)* [39], Voltaire *(Cándido)*[40], Valle Inclán *(Martes de carnaval)*[41] para convalidar lo afirmado.

37 Citado en Kayser, W. *Lo grotesco. Su configuración en pintura y literatura.* «Arte y ciencia de la expresión». Bs. As., Nova, 1964.

38 *Swift,* Jonatan. Literato irlandés (1667-1745), célebre por su sátira a la sociedad inglesa, *Los viajes de Gulliver.* Mencionamos aquí su escalofriante obra: «Modesta proposición para impedir que los hijos de los pobres en Irlanda no sean una carga para sus padres y resulten útiles al público». (1729), en la cual plantea que los ricos se coman a los niños pobres.

39 *Rabelais,* Francoise: Escritor francés (1494-1553) autor de *Vida de Gargantúa y Pantagruel,* de espíritu rebelde e ideas progresistas.

40 *Voltaire:* (Francois Marie Arouet) (1694-1778). Pensador y literato francés que combatió la intolerancia y el fanatismo. Incursionó también en el teatro, el ensayo y la filosofía.

41 *Ramón del Valle-Inclán.* Novelista y dramaturgo español (1866-1936) creador del «esperpento».

Piter Brugel. La caída de los ángeles rebeldes (1562).

2. Lo grotesco en el teatro

Lo grotesco aparece por primera vez en el teatro con el Romanticismo. Víctor Hugo (1802-1885) en su prefacio a Cromwell (1827) introduce el término grotesco para designar una forma de expresión artística que combina «lo deforme con lo sublime». Agrega «Lo grotesco representa la parte material del hombre y lo sublime el alma».

Reaparece con el *expresionismo* que lo utiliza para expresar la naturaleza bestial del hombre que aflora bajo su apariencia social. Podemos citar como ejemplo a *Woyzeck* de Georg Büchner (1803-1837), *El espíritu de la tierra* de Frank Wedekind (1864-1918) y *De la mañana a la medianoche* de Georg Kaiser (1878-1945).

Hacia 1920, Ramón del Valle Inclán (1866-1936), español, crea los «esperpentos», suerte de fantoches a medio camino entre la marioneta y el hombre. Ellos animan *Los cuernos de Don Friolera, Las galas del difunto* y *La hija del capitán,* revelando al desgarrarse una dolorosa humanidad.

Entre 1916 y 1925 surge en Italia el teatro del *Grottesco.* Inicia este movimiento el dramaturgo Luigi Chiarelli, quien en 1916 estrena *La máscara y el rostro.* Lo siguen Antonelli *El hombre que se encontró a sí mismo* (1918), *La tienda de los sueños* (1927); Cavacchioli *La danza del vientre* 1921 y, el más difundido en nuestro país, Luigi Pirandello, con *El gorro de cascabeles* 1917 entre otras obras.

El teatro del *grottesco* se funda en la idea de que el hombre posee una máscara o apariencia que le permite vivir en sociedad, bajo la cual se oculta el verdadero rostro íntimo. Lo grotesco se produce cuando ese individuo, por diversas circunstancias, intenta hacer coincidir máscara y rostro simultáneamente. El conflicto entonces se establece entre la máscara (de escribiente, galán, funcionario, doctor, esposo, amante) y el rostro (el cobarde, el humillado, el soberbio, el amante).

Pirandello en *El gorro de cascabeles* expresa claramente esta antítesis. Dice Ciampa, el protagonista: «La guerra está en los dos títeres (lo que mencionamos hasta aquí como máscara): el títere-marido y la títere-mujer. En su interior se tiran de los pelos, se quieren meter los dedos en los ojos; sin embargo, apenas salen afuera, caminan del bracete; (...) todo el público que, al verlos pasar se aparta unos a este lado y los demás al otro, entre sonrisas, sombrerazos y reverencias... ¡Y los dos títeres disfrutan, hinchados de orgullo y de satisfacción!»

En Rusia, Meyerhold (1874-1938) rescata el grotesco como el procedimiento característico del teatro de feria y recomienda su utilización como un recurso para vivificar el teatro. Menciona a Ernest Von Wolzogen, quien expresa que no hay que ver en el grotesco «una deformación transitoria del gusto, sino una concesión a *la esencia del teatro y del hombre,* donde lo cómico sigue a lo trágico y la canción sentimental hace sitio a la brutal sátira.» «Lo grotesco permite lo cotidiano en un plano inédito. Lo profundiza hasta el punto de que lo cotidiano deja de parecer natural.» [42]

3. El grotesco criollo

a. ANTECEDENTES

Cuando analizamos el fenómeno teatral que acompaña al proceso inmigratorio, lo caracterizamos como un «espejo de costumbres» que va reflejando a lo largo de 40 años la formación de una nueva identidad nacional.

La realidad que el teatro refleja conlleva una carga suficiente de dolor y desesperanza como para que la risa sea quebrada a menudo por la nota trágica (Cfr. I, 2).

En el género chico, una serie de piezas testimonian tempranamente la miseria, la injusticia social, la solidad, la corrupción. Tales *Los tristes o la gente oscura* (1906) de Carlos Mauricio Pacheco, *Los primeros fríos* (1910) de Alberto Novión, *El día sábado* (1913) y *Los desventurados* (1922) de Francisco Defilippis Novoa.

Carlos Mauricio Pacheco es el primero en utilizar lo grotesco, haciendo irrumpir lo trágico en lo risueño cotidiano. Su sainete *Los disfrazados* (1906) plantea con claridad la contradicción entre la máscara (el disfraz) y el rostro (los sentimientos íntimos). El conflicto encarnado en Don Pietro, el protagonista, se repite ampliado entre los habitantes del conventillo y en toda la sociedad porteña, pues es Carnaval. Bajo las máscaras alegres y el relumbrón de los trajes, se percibe por instantes el rostro patético del hombre. «Pasaban los payasos haciendo morisquetas; una punta 'e mascarones raros metiendo ruido, los coches iban a entrar en la fila, un campanilleo que aturdía y a cada momento los gauchos rascando las piedras

42 En Meyerhold: *Teoría teatral.* 4a. ed., Madrid, Ed. Fundamentos, 1982.

con las espuelas... Y él seguía hablando y de repente me pareció que tenía razón, que todo aquello era el mundo. Un mundo de locos y encaretaos...»

En 1921, Armando Discépolo en colaboración con Rafael José De Rosas escribe un sainete en un acto y tres cuadros, *Mustafá*. Comienzan a perfilarse en esta obra las características del grotesco criollo.

El protagonista, Mustafá es un turco vendedor de baratijas que habita con su familia en un conventillo. El turco ha comprado a medias con un vecino, el italiano Gaetano, un billete de lotería. El billete sale premiado, pero el turco niega tenerlo. En un instante ha comprendido que si traiciona al socio, puede regresar a la patria añorada y escapar de la miseria. Toda una noche persiste en el engaño. Derrotado por el asedio del italiano y por los propios nervios, confiesa a la familia su acción. Los hijos deciden devolver el billete a Gaetano. Cuando van a buscarlo, descubren que se lo han comido los ratones.

Mustafá mantiene del sainete la brevedad, la ubicación de la intriga[43] en el conventillo, los personajes inmigrantes, el uso de las jergas de inmigración, la agilidad de la intriga, la comicidad montada sobre el lenguaje y la expresión corporal y la pintura de costumbres. Y sobre todo, una versión optimista de la propia realidad. Dice Gaetano: «...nel conventillo todo ese armonía, todo se entiéndono: ruso co japoneses; franchese co tedesco; italiano co africano; gallego co marrueco. ¿A qué parte del mondo se entiéndono como acá: catalane co españole, andaluce co madrileño, napoletano co genovese; romañolo co calabrese? A nenguna parte. *Este e no paraíso. Ese na jauja*[44]. ¡Ñe queremo todo!»

Mustafá, personaje que impulsa la acción[45], sostiene otra versión.

«*Mustafá:* (hablando a mujer e hijos) (...) ...¿Sabe qué biensa tuda la noche? Biensa qui Jintina (Argentina) istá lejus Durquía, muy lejos... Badre tuda la noche driste borque falta mucho Durquía. Falta veintiseis años. Saliú joven con Gosdandina (Constantina, su esposa, ricién gasadu. Gosdandina linda anduce, (...). Mustafá istaba bodre e quere gana mucha blata para cumpra vistido y brillante a durquita querida. Bor eso salió Durquía y vino América. Viaje largo, tercera cun baisanos bodres que buscan blata leju Durquía (...) *Viaje feo. Barco triste, negro.* (...) Jintina es linda, ( ) ...bero *drabajo nu hace rigo drabajador. Jintina drabajo cansa, bone flaco* a durco gamina sempre, bero no pone rigo. *Contrario, come mal y mata alegría*».

La presencia de esta realidad patética, hace virar la comicidad del sainete (basada sobre la lucha de turco y tano por el billete) hacia la tragedia. La simultaneidad de estos dos planos (cómico-trágico) provoca el efecto grotesco.

Analizaremos a continuación algunas características del grotesco criollo.

---

43 Consideramos *intriga* a la sucesión de escenas tal como se van presentando en la obra.

44 *Jauja:* por alusión a un pueblo del Perú célebre por su buen clima y riqueza, se nombra así a todo lo que quiere presentarse como próspero y abundante en riquezas.

45 *Acción:* Movimiento que a partir de una situación inicial conflictiva, impulsa la obra hacia su desenlace (resolución del conflicto) Se entiende por conflicto la lucha entre dos fuerzas antagónicas.

William Wilson de E. A. Poe adapt. de G. Saccomano. Dibujos Alberto Breccia.
En: El Péndulo, Bs. As, sept. 79, N° 1.

b. CARACTERISTICAS

Tomaremos como referencia para caracterizar el grotesco criollo, los grotescos creados por Armando Discépolo: *Mateo, Babilonia, El organito, Stéfano, Cremona y Relojero*.

— *Los temas*

El tema básico es el dinero, o mejor, su ausencia. Asociados a él, van los fracasos, el desamor, la disolución familiar, la corrupción, el delito, la miseria, la humillación.

Rafael José De Rosa, coautor con Discépolo de la mayoría de sus obras reideras, escribió en 1926 un sainete titulado *Mastro Nicola*. En él presenta la resolución feliz de la mayor parte de los conflictos planteados por Discépolo.

Nicola es un modesto zapatero italiano que trabaja hasta extenuarse para mantener a sus hijos y darles una educación. Su esposa lo ha abandonado hace años, huyendo con un hombre. Pasa el tiempo, los hijos crecen y progresan gracias a los desvelos· del padre. La madre intenta volver, arrepentida, pero los hijos la rechazan pues no ha cumplido con su misión; en cambio, Nicola, que para entonces ha enfermado de tanto trabajar, muere feliz honrado por hijos y amigos. Dice poco antes de morir: «...Yo non ho hecho má que cumplire un dobere, y el dobere, cuando espera premio, deja de ser dobere...»

Nicola ha triunfado (a un precio demasiado alto) pues sus hijos han ascendido socialmente: Apolo es bachiller, Minerva es profesora de música, Temis es maestra. Nicola ha trascendido en sus hijos.

El trabajo le ha proporcionado una sólida, si bien modesta, situación económica y goza de prestigio profesional: dueños de grandes fábricas le piden que trabaje para ellos por la excelencia de su arte.

La familia de Nicola es una sólida estructura unida por los lazos del amor; la madre, que no cumple con su deber, es expulsada de ella.

Los hijos serán los obedientes ejecutores de las enseñanzas del padre: el trabajo honrado produce dinero y ascenso social, hace feliz a quien lo practica y promueve el amor y la consideración de la familia y la sociedad.

Los personajes del grotesco discepoliano, en cambio, trabajan como esclavos pero sólo obtiene en pago miseria y agotamiento.

> «*Constantina:* ¿Neocio?
> *Mustafá:* Boco mejor qui ayer: uno curenda. (...)
> (...)
> *Omar* (su socio): Neocio anda mal, socio.
> *Mustafá:* Ista guerra arruina negocio. (...) Tene hambre; gamina mucho.
> Di Flore, Barraga (Barracas), baso ridoblado. Di Barraga, Palermo, baso ridoblado. Di Balermo Yagarida (Chacarita), baso ridoblado. Di Yagarida agá...
> *Constantina:* Baso ridoblado.
> *Mustafá:* No, *baso fúmnebre*».

Por otra parte, los hijos no son el «báculo de la vejez», sino que se alzan contra el padre, cuestionan su escala de valores o lo abandonan. Dice Nicolás a su padre

(El organito): «...¡Antes debía habernos matado! ¡Antes de nacer méndigos! ¡Antes de darnos esta herencia!... Pero usted lo arregló todo con moneditas. ¿Qué ha hecho juntándolas? ¿La bolsa? Bueno: copo[46]. ¡Venga la moneda y dejémonos de macana!

Sobre las hijas pesa la amenaza de la prostitución.

«*Chichilo:* (Mateo) ¡Ja, otario! Tan difícil que es trabajarse una mina: le hablan de la seda, del capelín, del champán, de la milonga; le hace oir un tango, le muestra un reló pulsera y se la remolcan! Después los viejos lloran y los hermanos atropellan pero ya es tarde, ya es flor de fango que se arrastra, sin perfume...»

Por su parte, la sociedad no estimula al esforzado héroe, sino que lo margina, lo desprecia o lo persigue.

«*Saverio: (El organito)* Una noche, sen comida, sen techo, a la caye, con usté (por Nicolás, el hijo) en esté brazo e la Florinda (la hija) al pecho de la madre, no encontramo un cristiano que creyese en Dios. La gente pasaba, corriendo, sen merar me mano... (tendida) «¡Morite!... ¡Morite co tus hijos»... (...) Aqueya noche supe hasta qué punto somo todo hermano; aqueja noche hic'el juramento: ¡Saverio, nunca má pida por hambre!... ¡Saverio, sacale a la gente el alma gota a gota!...»

«*Alvaro: (Cremona)* No se cuándo se los podré devolver (unos pesos que pide prestado). Tuve que pegarle a un carneo[47], y me echaron de la fábrica. (...) Y estoy cerca del hambre. .. y estoy aflojando porque no sé si la causa vale más que las lágrimas sonrientes de mi mujer».

— *La construcción dramática.*

Podemos decir que el grotesco está construído de un modo similar al de la tragedia griega. Cuando comienza la intriga, estamos a un paso del desenlace. Y esto es posible pues la acción ha comenzado mucho tiempo atrás, y sólo asistimos a la agonía final del héroe.

Generalmente, un hecho exterior al personaje, sirve como resorte[48] que hace saltar la intriga hacia el desenlace. En *Mateo* es la comisión de un robo, en *El organito* la incorporación del «hombre orquesta» a la empresa familiar, en *Mustafá* el robo del billete.

Como narra Mustafá, la acción ha comenzado hace mucho tiempo en Turquía. El ansia de ver a su mujer feliz lo ha traído a América, lo ha impulsado a trabajar como una bestia durante años y finalmente, ha sido derrotado. Cuando comienza la obra, el turco ya ha librado su batalla, su antagonista real no es el italiano (tan pobre como su socio) sino esta Argentina donde no hay un lugar para él. Gaetano es su antagonista en la intriga, pero el verdadero opositor tiene mil caras y ninguna. La compra del billete , solo posibilita la aniquilación del héroe grotesco.

Si bien el héroe intenta, en el nivel de la intriga, escapar a su destino, la situación

46 *Copo:* Copar: hacer en los juegos de azar una apuesta equivalente a todo el dinero con que responde la banca; en este caso, los ahorros del padre.

47 *Carnero:* Se dice de aquel que concurre a trabajar mientras sus compañeros hacen huelga.

48 *Resorte dramático:* Se llama así a toda fuerza o acción que hace cambiar la situación que vive el personaje.

es irreparable, pues la disoluciáon familiar, el fracaso, el cansancio, han ido carcomiéndolo poco a poco. Ya es viejo y aunque no lo sepa ya está derrotado. Esta inevitalidad del destino vuelve más trágica su agonía final. La corta duración de la pieza concentra el efecto.

— *Los personajes*

Son inmigrantes, en su mayoría italianos, quizá por el simple hecho de haber sido los más numerosos o los más fracasados.

Sus nombres titulan las obras, señalando claramente al personaje en quien se encarna el conflicto. A veces el nombre señala el oficio del protagonista (Relojero) o el instrumento de trabajo (El organito), vinculando así estrechamente personaje-trabajo.

La apariencia de los personajes es generalmente grotesca. Están caracterizados como fantoches, un poco bestias, un poco muñecos, un poco hombres.

La descripción de Saverio *(Mateo)* muestra esa ruptura de los órdenes naturales de que habláramos antes. «Es un «funebrero». Levita. Tubo[49]. Plastrón[50]. Afeitado. Pómulos prominentes. Dos grandes surcos hacen un triángulo a su boca de comisuras bajas. (...) Arrastra las palabras. Tiene una voz de timbre falso y metálico. (...) La mandíbula desencajada y las manos como garras. (...) Tiene una pelada diabólica». Severino está a medio camino entre el objeto y el cadáver. Sin embargo, algo remite a su humanidad. Comenta de su galera: «Al principio, en casa, lo chico lloraban... Ahora, si se la dejo, escupen adentro».

La apariencia grotesca es reforzada por el movimiento. La posición erguida y el desplazamiento orientado, son reemplazados por andares bamboleantes, movimientos torpes, porrazos.

«Saverio, junto a la mesa, en camiseta, con sombrero, repara desperfectos de un organillo de pata. Gesto amargo y despreciativo arruga su cara. Ojos chicos, guiñosos, acostumbrados al soslayo. Usa aros de oro. Habla fuerte o llorando. Al caminar pone pesadamente sus «tamangos» en el suelo y sus rodillas dobladas, anquilosadas, lo «sientan». (...)

Mama Mía reaparece. (...) Una de sus piernas es mas corta y las dos torcidas. Sus brazos y su cuello fuertes, sufren de pronto, estremecimientos ondulantes» *(El organito)*.

El personaje se completa con el lenguaje, que reproduce con maestría el habla ítalo-criolla, mezclada con términos vulgares y lunfardos.

Severino: ( ) Es un caprichoso usté. Tiene la cabeza llena de macana, usté. Eh, e muy difichile ser honesto e pasarla bien. ¡Hay que entrare, amigo! Sí, yo comprendo: saría lindo tener plata e ser un galantuomo; camenare co la frente alta e tenere la familia gorda. Sí, saría moy lindo agarrar el chancho e lo vente[51]».

El lenguaje refuerza las diferencias entre padres e hijos. Los padres sufren la nostalgia de la patria abandonada, los hijos tratan de adaptarse rápidamente para

49 *Tubo:* Galera alta.

50 *Plastrón:* pechera.

51 *Lo chancho e lo vente:* Por «la chancha, los veinte y la máquina de hacer chorizos», expresión popular que significa pretender lograr algo sin esfuerzo alguno.

no ser reconocidos como inmigrantes. «*Peppino:* (...) Estoy peleando con la gramática a ver si poedo sacarme este acento italiano que tengo tan apegado... ¡Qué desgracia!... Soy argentino y todo me llámano tano...» (Mustafá).

O bien como en *Relojero,* denota una instruccion superior y por lo tanto, la adhesión a nuevas teorías sobre el hombre y la moral.

— *El espacio*

Las historias se ubican en los conventillos y suburbios de Buenos Aires. Pero la calle o el patio del «convento», con su profusión de personajes, son reemplazados por la pieza, donde se amontona la familia.

La escenografía es realista; denota la situación económica y las actividades de la familia. Los cuartos están repletos de objetos y muebles; las paredes cubiertas de manchas u ornamentos viejos y estropeados.

El abigarramiento y la profusión de objetos que pueblan las habitaciones evidencia el agobio que padece el personaje. La oscuridad las asemeja a cuevas, correlato escenográfico de la imposibilidad de salida para el protagonista.

— *El tiempo*

El tiempo de la representación es breve. Una hora, una hora y media. Quizá su procedencia del teatro por secciones haya dado tal concisión al grotesco. Exceptuando *Cremona y Relojero* (la primera en seis «Luces» (cuadros) y la segunda en tres actos) los demás se desarrollan en un acto o dos.

Bastan unos días, un mes, para que la historia finalice. El tiempo está en estrecha relación con la construcción dramática que ya analizáramos.

III. ARMANDO DISCEPOLO

1. Su obra

Armando Discépolo es considerado casi con unanimidad como el creador del grotesco criollo y quizá sea éste su mayor mérito.

Sin embargo, es necesario recordar que además fue uno de los autores más populares de la época que va del '10 al '30 y que sus obras fueron representadas por las compañías de mayor éxito en los teatros dedicados al género chico (especialmente El Nacional, «catedral del género chico», dirigido por el empresario Pascual Esteban Carcavallo).

Completa su actuación en el mundo del teatro con la traducción y adaptación de numerosas obras extranjeras, principalmente las de Pirandello, y las de Gogol, Chéjov, Shakespeare, y la dirección escénica.

Participó además como jurado en un Concurso de autores organizado por la Revista Teatral Bambalinas y fue miembro de la Comisión Directiva de Argentores (Cfr. Cronología).

Como era usual entonces, escribió muchas de sus obras en colaboración con otros autores, principalmente con Rafael José De Rosa[52]; también lo hizo con Mario Folco[53], Federico Mertens[54] y su hermano Enrique Santos Discépolo[55]. El maestro Francisco Payá[56], por su parte, puso música a algunas piezas.

Vale aclarar que escribe en colaboración con De Rosa o Folco las obras reideras, comedias y sainetes, mientras que cuando lo hace solo, predomina la nota trágica, la intención crítica o moralizante.

La crítica de entonces, lo valora generalmente como un autor sesudo y con tendencia a destacar el rostro patético de la vida.

Comienza su carrera como autor en 1910 con *Entre el hierro,* estrenada nada menos que por Pablo Podestá. Aparecen ya algunas constantes del estilo discepoliano: por una parte, una excelente construcción dramática, con peripecias bien hilvanadas, ritmo ágil y personajes certeramente delineados.

Por otra, la intención de educar desde el teatro, que lo lleva a incluir largos parlamentos en los que los personajes reflexionan sobre la realidad, explican sus móviles, analizan sus ideas, todo en un estilo claro y distinto. Tales parlamentos, que aparecen como incrustados en la intriga, le restan verosimilitud y la enlentecen.

La fragua, de 1912, es un buen ejemplo de lo antedicho. El enfrentamiento entre patrones y obreros durante una huelga, sirve para exponer exhaustivamente la ideología anarco-socialista de los personajes: amor libre de la pareja, relaciones sociales basadas en el amor y la inteligencia («la lógica»), justicia social, participación obrera en la propiedad de los medios de producción. Mientras que el conflicto amoroso, entremezclado con el social, acrecienta el interés del público.

Para ser sin duda comprendidos, los personajes - sindicalistas italianos recién llegados y obreros argentinos- hablan un correcto castellano, con alguno que otro «Mia sorella», que sólo pretende dar algo de color local sin conseguirlo.

Leyendo estas primeras piezas, se comprende el avance que representó llegar al grotesco criollo y cuanto le debe éste al género chico.

Dentro de esta misma línea se encuentran *El reverso,* donde denuncia los horrores del alcoholismo; *Hombres de honor,* que presenta las miserias y claudicaciones a las que impulsa el juego; *¡Levánte y anda!,* severa crítica a la corrupción de los sacerdotes católicos y al sinsentido de ciertas obligaciones, como el celibato; *Amanda y Eduardo,* drama de la mujer impulsada a la prostitución por su propia familia para mantener las apariencias de cierto status social.

Llama la atención que aún en 1930, después de haber escrito la mayor parte de los grotescos, plantee Discépolo este tema, echando mano de un romanticismo un

52 *Rafaei José de Rosa:* (1884-1955), fue periodista, secretario del Museo Nacional del Teatro y principalmente autor de colaboraciones. Estrenó solo *La hora nona, Las niñas del 33, Mastro Nicola* y *Papi tiene plata.* Introdujo la risa en las dramáticas piezas de Discépolo.

53 *Mario Folco:* Incorporó a sus numerosas colaboraciones su facilidad para la creación argumental. Escribió junto con De Paoli, Mertens, De Rosa, Discépolo (Armando y Enrique). En 1923 estrenó sólo el sainete *«El casamiento de Chichilo»*

54 *Federico Mertens:* (1886-1960). Escribió numerosas comedias costumbristas ubicadas en la clase media. Fue además director artístico de las compañías de Orfilia Rico, Parravicini, Casaux, Arata, Gómez y Enrique de Rosas. En 1918 creó la Revista Bambalinas que alcanzó más de setecientos números.

55 *Enrique Santos Discépolo:* (1901-1951) Hermano de Armando. También fue autor teatral, aunque es más recordado por sus tangos «Cambalache», «Yira, yira», «Chorra», «Esta noche me emborracho».

56*Francisco Payá:* Compositor musical que creó numerosas obras para nuestro género chico. Puso música a sainetes de Trejo, Vacarezza, Pacheco, Pico. Falleció en 1929.

Caricatura de A. Discépolo y Rafael José de Rosa, autores del éxito
El movimiento continuo. *Revista Bambalinas. Año I, s.d., (Archivo del Instituto*
Nacional de Estudios de Teatro).

poco cursi y desvinculado de la realidad, más apropiado para los espectadores de *La dama de las camelias*[57] que los de *He visto a Dios*[58].

Otro estilo y otros medios caracterizan a las obras escritas en colaboración. Tenemos allí sainetes con música, como *El guarda 323*, sainetes en un acto como *L'Italia Unita, Ristorante*, comedias críticas de la clase media con pretensiones como *Giácomo*, o de la pequeña clase media también con pretensiones, pero de hacerse ricos, como *El movimiento contínuo*, comedias de enredo como *El clavo de oro* o de costumbres como *El novio de mamá*.

Todas tienen en común la pintura de costumbres, de tipos inmigrantes y criollos, el uso del nivel vulgar de lenguaje, con elementos lunfardos, gauchescos y extranjeros y sobre el cual se monta preponderantemente la comicidad.

Sin duda de la frecuentación del teatro por horas (de la cual se lamenta Discépolo) proviene su maestría en la utilización del lenguaje, tal como aparece en el grotesco. Transcribimos un párrafo de *El guarda 323* para ilustrar lo afirmado. Dirigiéndose a los espectadores, dice don Pascual, el guarda del tranvía 323:

> «...¿Lo pasajero? ¡na Babilonia! ¡E na Babilonia ¡o cada tipo oregenal, estragordenario! Per ejemplo: Na provinciana flacca flacca que te da la monedita colo guande bujeriado: **(Imita)** «Yo voy a la iglesia e las Carmelitas» **(El)** «Hace aquel que te gusta, señorita» **(Ella)** «¿Me ieva, pues?» **(El)** «Imbossibile... Ta puedo yevá a la Pietám i a si defetti a Sando Miquele, se ta gusta»... **(Ella)** «Ah, no me abajo. Deme las moneditas» **(El)** «Toma pe lo tranguay. Hay cortado lo boleto» **(Ella)** «Gringo pata sucia»... **(El)** «To madrina... ¿s'ha quedado in gasa?» Na vieja chatta, colo colmiyo que te mira per encima de lo vendeojo: **(Imita a una genovesa)** «Bel homu, ¿nu semu arrivau ancua a Castelli?» **(El)** «Ma siñora, se istamo a Quindino Bocayuva» **(Ella)** «Ma ¡tocu dun be...nardu ¿No tou dito? ¡Fa me zúa que so a aspetá! ¡Láshema andá! ¡Poshi tú schiupá!», No inglese serio come una máquina: **(Imita)** «One favor: me avisa calle Carabobo». **(El)** «Moy biene». A la tre cuadre, tin... **(Timbre de parada)** «¡Carabobo!» Nenguno te condesta. «Signore; Carabobo». Lo inglese aferma co la cabeza. «Te estoy diciendo Carabobo, signore. Stamo parado» E lo inglese se astuffa no poco e me condesta: **(Imita)** «Moy bien. Era para saber no más ¡Sigue, hombre!...» No gallego almacenero. **(Imita)** «Pare, juarda. Nun toque el timbre que tenjo el bulto adelante». Na señorita co profumo: **(Imita a una polaca)** «Gringo; mi visas in calia Ismeraldas, ¿quiere?... Non ti doirmas que istoy noivas»... E así todo lo días».

Cremona

Tratamiento aparte merece *Cremona* (grotesco en seis luces), pieza en la que Discépolo incursiona decididamente en el expresionismo.

La intriga se desarrolla en los dos patios de un conventillo y sus personajes son los habitantes usuales: el italiano encargado, el criollo sin trabajo, un español y su

---

57 *La dama de las camelias*, famoso drama del francés Alejandro Dumas (1824-1895) basado en la novela homónima. Combina allí realismo y romanticismo, presentando la triste historia de Margarita Gautier, una prostituta que intenta redimirse por el amor.

58 *He visto a Dios*, grotesco del mencionado Defilippis Novoa.

LAS ESTATUAS DE LA METROPOLI

''El pensador'' ha cambiado su cabeza por la de Discépolo. ''La lucha'' encarna la idem de Parravicini con su público. ''El centáuro moribundo'' es Vellosito.

«El pensador» alude al carácter «sesudo» de la obra discepoliana. En: Comoedia, año I, Nº 14, oct. 1926, pag. 8. (Archivo del Instituto Nacional de Estudios de Teatro).

mujer, una muchacha criolla, hermosa y coqueta, una milonguita, una pareja de griegos, otros.

Sin embargo, Discépolo da a estos trajinados personajes una dimensión trascendente. Cremona, tano masitero, intentará restaurar en el conventillo el reino de lo espiritual, promoviendo en sus vecinos un reencuentro profundo con ellos mismos y con sus prójimos.

Afirma Modern[59]: «La orientación general del expresionismo decansa en el rescate del *hombre total,* perdido y acosado por las experiencias de *culpa y remordimiento».*

Culpa y remordimiento regulan las relaciones de los habitantes del conventillo. Cristina, traiciona a su esposo con Emilio; Petrona, fatigada por la miseria y la indiferencia de su esposo borracho, se ofrece a Cremona; los abuelos, comen el pan que su nieta gana con la prostitución, Nicola, el italiano encargado, soporta la afrenta de ser cornudo simulando una liberalidad de ideas que no posee.

El asesinato de los amantes a manos del esposo se constituye en la resolución vicaria de los conflictos de todos los desdichados del conventillo. Roque mata vindicando a todos los ofendidos, Cristina y Emilio mueren por todos los culpables. Por eso cuando Cremona inadvertidamente denuncia la presencia del asesino en la casa, es aporreado con odio por los vecinos.

Cremona soporta el castigo sin resistirse, repitiendo el martirio de Cristo. Dice: «Tienen razón... tienen razón... pero ¡no entienden nada!». Nuevamente los hombres se alzan contra quien los ama, intentando equivocadamente vengar en él las ofensas recibidas.

Cremona perdona a quienes lo humillan, ama a quienes lo castigan, sufre con el dolor ajeno; humilde entre los humildes, intenta purgar en él las culpas de sus semejantes.

Esta dimensión trascendente del conflicto nos permite ubicar a *Cremona* dentro de la escuela expresionista. Aunque también los recursos escénicos lo son.

Junto con los personajes profundizados psicológicamente, aparecen los *tipos,* tales como «El Que Ronca», representación de la extenuación que provoca el trabajo. Este personaje permanece en su catre durante casi toda la obra y sólo se le oye roncar sonoramente o alguno que otro pedido malhumorado de silencio.

Algunos personajes están fijados en una expresión, acercándose a la *máscara.* Tal es el caso de la pareja de griegos, muñecos casi mudos, que sólo emiten gritos angustiosos y cuya expresión es de dolor deseperado, pues el hijito está grave. Discépolo los designa con el nombre de «GRIEGO y GRIEGA. Es ella de hermosura ajada por el hambre y los disgustos; él un macho poderoso tallado en madera». «El griego, con el hijo envuelto en trapos que cuelgan, baja apretándolo a su pecho: la Griega lo sigue».

Las palabras están cargadas de una intencionalidad emocional especial. Destacamos en este caso a la pareja Silvestre-Margarita; ella no aparece en escena, y es nombrada como «Voz». Esta repite incensantemente «¡Silvestre!», reclamando a su marido con distintos matices.

El espacio, gracias a la luz y los sonidos, se despoja de su carácter realista, para sugerir emociones, sentimientos, climas.

59 Modern, Rodolfo; *El expresionismo literario.* Bs. As., Novoa, 1958.

«Noche de verano. Calor húmedo. Los ruidos son largos. La luna ilumina la parte derecha de la decoración. Rincones de sombra verde, superficies brillantes, aristas blandas, conos violáceos. El lateral izquierdo sin luz directa. Niebla nacarada aleja el segundo patio». A veces la luz sigue a un personaje por la escena o lo tiñe de determinado color.

En este ámbito casi irreal, los personajes se mueven como fantoches, a veces mudos, en grotescas pantomimas. En el patio del conventillo «Cremona llora con las manos en la cara, no por su dolor sino transido por el dolor ajeno. Miserable, con los brazos colgantes, con ganas de caer de bruces. Pone las manos en el suelo. (...) Gaetano se echa junto a su puerta. Asoma Cristina, viste su mejor gala; espía, tensa; cree estar sola, se atreve (a entrar en la pieza de su amante). Se oyen cromáticas ascendentes... descendentes... Va hasta el pie de la escalera del adulterio, sube un escalón, se calza. (...) Ella sube precipitadamente con las chinelas en la mano y se oculta en la habitación de Emilio»

Incluye también lo grotesco, principalmente a través de los personajes Cremona y Nicola, el encargado, si bien todos se mueven entre el monigote y el hombre, entre lo trágico y lo cómico, entre lo sublime y lo abjecto.

Para terminar, la estructura de la pieza en seis cuadros, independientes unos de otros, reproduce las estaciones del calvario de Cristo. Las escenas, se yuxtaponen, presentando entremezcladas, las peripecias que van sufriendo los numerosos personajes. Este tipo de construcción dramática responde también al expresionismo.

2. Ordenamiento cronológico de su obra. Teatros. Compañías.

1910.　　*Entre el hierro* (drama, tres actos). Teatro Buenos Aires, Compañía de Pablo Podestá.

1911.　　*La torcaz* (drama, un acto) Teatro Nacional.
　　　　El rincón de los besos (comedia, un acto). Teatro Moderno. Compañía de Pablo Podestá.

1912.　　*La fragua* (drama, tres actos). Teatro Apolo. Compañía de Guillermo Battaglia.
　　　　Espuma de mar (opereta en tres actos) Colab. R. J. De Rosa y F. Payá. Teatro Buenos Aires.
　　　　El viaje aquel.

1914.　　*El novio de mamá* (comedia, tres actos). Colab. R. J. De Rosa. Teatro Nuevo. Compañía de Orfilia Rico.
　　　　Mi mujer se aburre (comedia, tres actos) Colab. R. J. De Rosa. Teatro Nuevo. Compañía Rico-Mangiante.

1915.　　*El guarda 323* (sainete en tres cuadros). Colab. R. J. De Rosa. Teatro Argentino. Compañía de Florencio Parravicini.
　　　　El patio de las flores (sainete). Colab. con Federico Mertens. Música de F. Payá. Teatro Nacional.

1916.　　*El reverso* (diálogo, un acto). Teatro Apolo, Compañía Rosich-Casaux.
　　　　El movimiento continuo (comedia en tres actos). Colab. R. J. De Rosa. Teatro Apolo. Compañía de Roberto Casaux.
　　　　La ciencia de la casualidad (monólogo). Colab. Mario Folco y R. J. De Rosa. Teatro Apolo. Compañía de Roberto Casaux.

1917.   *Conservatorio La Armonía* (comedia en tres actos), Teatro Argentino, Compañía de Florencio Parravicini.
   La espada de Damocles (pochade). Colab. R. J. De Rosa. Teatro Argentino. Compañía de Florencio Parravicini.

1919.   *El vértigo* (drama en dos actos). Teatro Mayo. Compañía Angela-Tesada.

1920.   *El clavo de oro* (comedia en tres actos). Colab. R. J. De Rosa y M. Folco. Teatro Nuevo. Compañía Nacional de Orfilia Rico.

1921.   *Mustafá* (sainete en un acto). Colab. R. J. De Rosa. Teatro Nacional. Compañía de Pascual E. Carcavallo.
   El príncipe negro (comedia en tres actos). Colab. R. J. De Rosa. Teatro Opera (Rosario). Compañía Renacimiento dirigida por A. Discépolo.

1922.   *L'Italia Unita, ristorante* (sainete en un acto) Colab. R. J. De Rosa. Teatro Nacional. Compañía de Pascual E. Carcavallo.

1923.   *Mateo* (grotesco en tres cuadros). Teatro Nacional. Compañía de Pascual E. Carcavallo.
   Hombres de honor (drama en tres actos) Teatro Liceo. Compañía de José Gómez.
   El chueco Pintos (pieza cómica en un acto y tres cuadros). Colab. R. J. De Rosa y M. Folco. Teatro Nacional. Compañía de Pascual E. Carcavallo.

1924.   *Muñeca* (drama en dos actos). Teatro Nacional. Compañía de Pascual E. Carcavallo.
   Giácomo (comedia en tres actos) Colab. R. J. De Rosa y M. Folco. Teatro Nuevo. Compañía de Roberto Casaux.

1925.   *Babilonia* (sainete en un acto). Teatro Nacional. Compañía de Pascual E. Carcavallo.
   El organito (grotesco en un acto). Colab. Enrique Santos Discépolo. Teatro Nacional. Compañía de Pascual E. Carcavallo.

1926.   *Patria Nueva* (drama en dos actos, Teatro Nacional. Compañía de Pascual E. Carcavallo.

1928.   *Stéfano* (grotesco en un acto y epílogo). Teatro Cómico. Compañía de Luis Arata.

1929.   *¡Levántate y anda!* (drama en tres actos). Teatro Nuevo. Compañía dirigida por A: Discépolo.

1931.   *Amanda y Eduardo* (drama en nueve cuadros). Estrenada en Barcelona. Compañía de Camila Quiroga.

1932.   *Cremona* (grotesco en seis luces). Teatro Apolo. Compañía de Olinda Bozán.

1934.   *Relojero* (grotesco en tres actos). Teatro San Martín. Compañía de Luis Arata.

IV. STEFANO. ANALISIS E INTERPRETACION

1. La construcción dramática.

Stéfano es quizá una de las mejores obras de Discépolo. Su estructura corresponde a la de los grotescos analizados. Un acto, última batalla del héroe grotesco, y un epílogo, donde se asiste a las consecuencias de la obra anterior, toda su vida.

Stéfano, como lo señala el título, es el protagonista. Para realzar su importancia, el autor prepara su entrada en escena por la aparición paulatina de el resto de los miembros de la familia: los padres, Ñeca, Radamés, Margarita, Esteban. Todos, directa o indirectamente, se refieren a Stéfano. Cuando éste ingresa, ya casi lo conocemos.

Una segunda fase[60] nos muestra a Stéfano enfrentado con su pasado: los padres, Italia, los primeros triunfos, la perspectiva de éxito.

La tercera fase es el presente: Radamés, el hijo bobo; Ñeca la hija llorona; Ofelia, Atilia y Aníbal, los hijos de la pobreza; Margarita, la esposa acusadora bajo la máscara de resignación, el despido de la orquesta.

La cuarta fase la marca la llegada de Pastore, el discípulo amoroso que le trae al maestro instrumentaciones para que pueda sobrevivir. Y la noticia que lo mata: lo han echado de la orquesta pues ya no sirve.

El epílogo nos muestra la muerte física de Stéfano. Antes de terminar se enfrenta con su familia, cohorte de acusadores que hacen pesar sobre él toda su infelicidad. Les dice: «por oírlos yorar no me he oído», reclamando tarde su derecho a realizar su vocación. Pero ya no hay remedio. La voz de la cabra, símbolo de su destrucción, es el último sonido que emite.

¿Qué fuerza le ha impedido alcanzar «l'ideale»? ¿El medio social adverso e injusto, sus obligaciones materiales como padre y como hijo, sus propias limitaciones como creador? Esta imposibilidad de ubicar claramente la fuerza opositora constituye otro rasgo propio del grotesco. De este modo, lo familiar, lo cotidiano, las personas queridas cobran una dimensión amenazante, casi siniestra, al impedir la realización del héroe.

2. Tiempo y espacio[61]

El tiempo y el espacio de la intriga se encuentran concentrados. Unos pocos días; una habitación de «una vieja casa de barrio», que es a la vez «comedor, cuarto de estar y de trabajo, de noche dormitorio y cuando llueve tendedero».

La decoración denota pobreza. Muebles y adornos están tan derrotados como sus dueños.

---

60 Llamamos *fase* al conjunto de situaciones que culminan en una situación dramática. Las fases integran a su vez unidades mayores que responden en general al siguiente esquema: presentación inicial de las fuerzas que entran en conflicto (introducción); lucha que se produce entre ellas (desarrollo) y finalmente, triunfo o aniquilamiento de una de las fuerzas participantes (desenlace). Por otra parte, llamamos *situaciones dramáticas* a aquellas situaciones en las que se presenta el *conflicto*, es decir, las fuerzas en oposición. Es una situación dramática, por ejemplo, aquella en que Stéfano se enfrenta con su discípulo.

61 *Tiempo y espacio.* Distinguimos el tiempo y el espacio de la intriga, que son aquellos en los que transcurren las peripecias de la intriga. El tiempo y el espacio de la acción son aquellos en los que se manifiesta el conflicto.

En cambio, el tiempo de la acción es prolongado; es toda la vida de Stéfano. El espacio de la acción es el rincón de la izquierda, donde Stéfano tiene su mesita para musicalizar, iluminado por una lámparita pendiendo de un brazo clavado a la pared. En este espacio restringido se sintetiza su vida, esperanza y frustración, y allí recibe el golpe final de la noticia del despido.

3. Lo grotesco

Lo grotesco se manifiesta preponderantemente a través de la presencia simultánea de lo cómico y lo trágico. Son grotescas las situaciones, los personajes y el lenguaje.

— Lo grotesco en las situaciones
Son grotescas casi todas las situaciones en las que participa Stéfano, ya que él lo es. «Serio, parece que llorara y al sonreir —que sonríe fácilmente, hasta cuando va a llorar— sus ojos de párpados pesados se agrandan expresivos, socarrones».

Lo grotesco surge de contrastar la tragedia de su vida con la comicidad de las situaciones en las que participa. Tal la escena que juega con Pastore, en la que se burla de su discípulo sarcásticamente, mientras éste sabe y el espectador sospecha, que ha tocado fondo.

Más impactantes por su patetismo son las escenas en las que retorna a su casa cantando, borracho, trastabillando y la escena final de su muerte, en la que la torpeza de sus movimientos lo asemejan a un títere. La incomprensión de Radamés, que cree estar soñando, acrecienta la sensación de extrañeza. «No puede erguir la cabeza; su peso lo turba; cae de bruces, con las rodillas en el suelo. Se hace daño, adentro. No puede sacar el pie enganchado a una pata de la mesa. (Sonríe). Yo soy una cabra. Me e e... Me e e... Uh... cuánta salsa... Como sube... Una cabra... Qué cosa... me estoy muriendo... (pone la cara en el suelo). Me e e... (Muere)».

— Lo grotesco en los personajes
Los personajes parecen monigotes ridículos. Tales la pareja María Rosa-Alfonso, contrastantes en sus líneas y en sus movimientos.

María Rosa es aguda. «Es magra, enhiesta, de mentón agudo, nariz corva, boca blanda» Parece una aguja terminada en dos inmensos zapatones «orejudos» que pertenecieron a Stéfano. Como él mismo dice: «Como para correr las mariposas».

Alfonso, en cambio, retorcido como una raíz. «Tiene el color terroso, (...). «Es de poca talla, de brazos largos y manos sarmentosas. Cuando no bambolea la cabeza, como negando, la apoya sobre un hombro, como resistiéndose tercamente a una orden que le disgustase». Ambos se mueven dificultosamente.

A medida que Stéfano se destruye, los padres van perdiendo para él esta primera apariencia; se van degradando hasta convertirse, la madre en una bruja y el padre, en una triste réplica del emperador Marco Antonio.

La parodia[62] de otros personajes, sirve para provocar también un efecto grotesco. En la escena final del epílogo, Stéfano parodiará a Pierrot[63]: «Rasca como si

---

62 *Parodia:* Imitación burlesca de una obra o cosa seria.

63 *Pierrot.* Máscara derivada de la Comedia Dell'Arte italiana, que personificaba al criado ingenuo, honrado y siempre en dificultades a causa de su franqueza. Vestía un chaqueta holgada y pantalón blancos y un casquete negro en la cabeza. Su cara blanca, no revelaba expresión alguna.

Caracterizaciones de Luis Arata (Stéfano) y de Berta Ganglof (Margarita) en el estreno de la obra de Discépolo, el 26 de abril de 1928. En Revista Comoedia. Año III, N° 37, mayo de 1928. (Archivo del Instituto Nacional de Estudios de Teatro).

ejecutara la mandolina. Con los párpados bajos, la piel de la frente estirada,...»
Pero la serenata al pie de cada miembro de la familia, situación cómica, vira hacia
el grotesco, a medida que Stéfano va descubriendo las miserias ajenas y los dolores
propios.

La expresión corporal, refuerza el efecto grotesco. La torpeza, las caídas, los
movimientos fallidos, recuerdan a los payasos o las marionetas.

Un buen ejemplo lo tenemos en la escena en que Stéfano regresa borracho a la
casa, tiempo después de haber sido despedido, escena que precede a la de su muerte. «(Le cuesta cerrar la puerta; acaba cerrándola de un golpe brutal. Al volverse,
sonríe sin luz en los ojos, con los pómulos altos, la lengua afuera. No piensa ya en
el porvenir y está absurdamente alegre. Canta sin tono su obsesión.) Buen día, su
señoría... Mantantirulirulá (...) (Se le engancha un pie a una pata de la mesa. Intenta desenlazarse calmosamente, pero debe recurrir a la violencia. Voltea un manubrio imaginario). lirulá. (Se queda contemplando la lamparilla de su mesita. Le
sonríe sarcástico, la amenaza; le pregunta, con las puntas de los dedos apretados
en alto)...»

Sólo escapa a la caracterización grotesca, Esteban, el hijo poeta, en quien el
padre cifra las esperanzas de realización. Le dice: «Hijo... le queda la esperanza.
Nadie podrá quitársela hoy. Todo es luminoso para usté en esta noche oscura en
que sólo veo su pensamiento».

— Lo grotesco en el lenguaje

La comicidad verbal, reforzada por el uso de la jerga ítalo-criolla nombra una
realidad angustiante y por lo mismo, el efecto es grotesco.

Es destacable el parlamento de Alfonso, cuando recrimina al hijo su fracaso.

«E m'engañaste otra ve: «Papá, vamo a ser rico. Vo y a escribir una ópera mundiale. Vamo a poder comprar el pópolo. Por cada metro que tenimo
vamoa a tener una cuadra»... E yo, checato, te creí».

«E ve... se Dio vuele, e da danaro, escribe l'ópera, figlio; va»... E te fuiste. ¡Cinco año!... Al novechento me mandaste llamar: «Mamá... papá...
véngano. Véngano todo. No puedo vivir sen ustede. Quiero apagarle todo
que han hecho por mé (...) Empieza la fortuna. Vo a ser direttore a un teatro. Estoy escribiendo l'ópera fenomenale. A Bono Saria yueven esterlina.
Véngano...»

Las exageraciones, la dificultad para articular palabras, el uso de canciones in-
fantiles, revelan la destrucción psíquica del personaje. Cuando Stéfano vuelve
borracho se enfrenta con Margarita y le recrimina:

«(Cortés) M'olvidé la yave e... No le he pedido cuarenticino mil cuatrociento noventicuatro vece que me deje encendida esta luz. (La de la araña)
¡Y no! ¡Está ésa! Cuarenticuatro mile novec101ento... ¿Esta casa es una mazmorra... una mazamor... ¡una mazamorra! (Margarita enciende) ¡Oh, benedetta sía la luche! «Mantantirulirulá. (...) «Buen día, su señoría...» (...)
Mantantirulirulá».

4. El tema

La frustración de la vocación artística debe haber sido una realidad frecuente en la Buenos Aires de principios de siglo. Las exigencias de una sobrevivencia dificultosa habrán callado el canto de más de un creador. Quizá por compartir esta vocación artística o las dificultades, el tema aparece con frecuencia en el teatro.

Merecen destacarse *Música barata* (1929), sainete en tres cuadros, de Alejandro Berruti, que narra las peripecias de una familia de músicos que toca en los cafés. Las predilecciones del público los obligan a tocar tangos y foxtros. Finalmente, la vitrola los deja sin trabajo (como a don Pietro, en *Mateo,* el automóvil). Pero Félix, el protagonista, «entra» y pone un negocio de cigarrería y lotería. Si ya no puede alimentar los espíritus, alimentará los vicios.

El mismo tema se insinúa en *Conservatorio L'Armonía,* de Armando Discépolo y Rafael José De Rosa. Doménico San Francesco, músico y profesor italiano, ama el arte y trata de hacer de sus discípulos grandes intérpretes. Su socio en cambio, el francés Jules Lapont, ama el dinero y por lo tanto, adula a sus incapaces alumnos para sacarles la cuota mensual. Como era de esperar, el primero termina arruinado, el segundo, rico.

Se presenta aquí un personaje, Leopoldo, músico italiano que toca la mandolina y que es una prefiguración de Stéfano. En Buenos Aires, la mandolina y la ópera no hallan cabida. Aquí reina el tango y el bandoneón. Nuevamente el artista debe renunciar a su arte para satisfacer su estómago.[64]

En 1928 César Bourel escribe *Carlitos Chaplin (el actor),* grotesco al estilo pirandeliano, que obtuvo una excelente crítica. Comenta La Razón: «El mismo tema, bajo otro aspecto, con mayor eficacia pero con inferior elevación (?), fue tratado por el señor Armando Discépolo en sus grotescos «Mateo» y Stéfano». Bourel presenta el dilema de un actor de teatro tironeado por afán de interpretar un gran papel y la necesidad de conseguir dinero para curar a su hijita enferma. El amor triunfa y el protagonista termina convertido en hombre-sandwich y caracterizado como Carlitos Chaplin, publicitando la película «El circo», del gran cómico.

Guillermo, (el protagonista), desgarrado por el dolor, se exhibe ante los vecinos que, ignorantes aplauden entusiasmados:

> *Varios.* —¡Bravo! ¡Es Chaplin!... ¡Es Chaplin!... (Lo aplauden)
> (...)
> *Guillermo:* —¿Oyes, Alfonso, los aplausos? Esta es la gloria que yo soñé. (Y cuando un hondo sollozo va a ahogar su voz, se contiene, y echándose el alma a la espalda, se pone a caminar a lo Chaplin)».

---

64 El padre de Armando y Enrique, Santos Discépolo, fue inmigrante y músico. Interpretaba varios instrumentos y como sus pares teatrales, tocaba en orquestas e instaló un conservatorio de música.

V. PROYECCIONES DEL GROTESCO CRIOLLO

1. La generación del 60

En 1961 Ricardo Halac [65] estrena *Soledad para cuatro*, abriendo así un camino que será seguido por otros dramaturgos, a los que se agrupó luego bajo el nombre de *la Generación del 60*.

Además de la coincidencia cronológica, estos autores comparten un modo de decir; el *realismo crítico*, y una temática: la triste historia cotidiana a la clase media argentina.

Sin participar de la profunda modificación político-social que significó el peronismo, traicionada por la Revolución Libertadora del 55, frcasadas las expectativas puestas en los gobiernos de Frondizi e Illia, la clase media bonaerense se refugia en un desesperanzado individualismo.

La Generación del 60 hará desfilar en escena a los miembros de empleados, pequeños propietarios, universitarios fracasados, amas de casa hastiadas, todos corriendo tras el escurridizo dinero (¡otra vez el dinero!), la cuota del coche o las vacaciones en Mar del Plata.

Como sus antecesores del género chico, estos dramaturgos recrearán a la perfección el lenguaje cotidiano, revelando así la realidad.

En 1964 Roberto Cossa estrena *Nuestro fin de semana*, Germán Rozenmacher [66] su magistral *Réquiem para un viernes a la noche;* Sergio De Cecco [67] *El reñidero* y Julio Mauricio [68], *Motivos*.

Le siguen en 1965 *Estela de madrugada* y *Fin de diciembre* de Ricardo Halac y *Amarillo* y *Amor de ciudad grande* de Carlos Somigliana [69].

En 1966 Cossa escribe *Los días de Julián Bisbal* y ese mismo año ya trabajan para Canal 2 de La Plata, Cossa, Rozenmacher, Halac y Talesnik, escribiendo *Historias de jóvenes*.

Estos jóvenes dramaturgos (pues han nacido casi todos entre el 30 y el 40) seguirán escribiendo para telvisión hasta 1976 aproximadamente.

En 1968 Somigliana crea junto con Juan Carlos Gené *Cosa juzgada* para Canal 11; en 1971 Somigliana, Halac y Cossa escriben *El teatro de Norma Aleandro* para Canal 7; los mismos más Rozenmacher y Talesnik en 1974 *Historias del medio pelo* para Canal 13 (en realidad fueron escritas en 1969 para Canal 9, pero recién se

---

65 *Ricardo Halac:* (nac. 1935). A las obras mencionadas se suman *El destete* (1978) donde incursiona en el grotesco y *Lejana tierra prometida,* en la que adopta un lenguaje de vanguardia. Cfr. Cronología.

66 *Germán Rozenmacher:* (1936-1971). Autor además de dos libros de cuentos *Cabecita negra* y *Los ojos del tigre.* Después de su muerte se estrenó *Simón, caballero de Indias.* Toda su obra revela un gran creador de profunda sensibilidad. Cfr. Cronología.

67 *Sergio de Cecco:* (nac. 1931). Después de *El reñidero* escribe *El gran deschave* (1975) en colaboración con Armando Chulak, ganando el Premio Argentores de ese año. Cfr. Cronología.

68 *Julio Mauricio:* (nac. 1919). De entre su numerosa producción se destaca *La valija,* puesta en escena en doce países y que en Buenos Aires alcanzó las 671 representaciones. También fue llevada al cine, interpretada por Luis Sandrini y Malvina Pastorino. Cfr. en esta colección el tomo *Teatro breve contemporáneo argentino I,* Introducción de Elvira Burlando de Meyer y Patricio Esteve, y en este tomo la Cronología.

69 *Carlos Somigliana:* (nac. 1932). Cfr. su producción en nuestra Cronología. Su obra se caracteriza por el vigor con que presenta a sus personajes. Con *El nuevo mundo,* obra que escribe para Teatro Abierto en 1981 se interna en la burla y la sátira.

presentan ese año); y también para el 13, Somigliana, Cossa, Gené y Halac escriben *La noche de los grandes*, en 1975.

Esta modalidad de trabajo compartido que se iniciara con las *Historias del medio pelo*, es continuada en el medio teatral. Somigliana, Talesnik, Rozenmacher, Cossa y luego Halac forman un grupo de autores para trabajar en equipo. Relata Roberto Cossa: «Formamos una especie de grupo de autores, que en un primer momento se dedicó a escribir un programa de televisión para Canal 9 dirigido entonces por Alejandro Romay (el ya aludido arriba). (...) Pero continuando con ese trabajo de equipo (...), todos nosotros, menos Halac, nos pusimos a trabajar en el texto de *El avión negro*, estimulados por una propuesta que nos había hecho el llamado Grupo Buenos Aires, formado por los actores Gené y Pepe Soriano, el escenógrafo Leandro Hipólito Ragucci y el director Héctor Aure».[70]

Continúa Halac: «El grupo coopera con el autor que ha terminado la obra en la búsqueda de la sala, el director y el elenco que él considera más adecuado para la misma[71]».

Habíamos mencionado que las obras de esta generación podían ser consideradas dentro del realismo crítico. Este realismo, más que una opción estilística significó una postura frente a su tiempo. Afirma Halac: «Nosotros creemos que el teatro argentino está ligado a la historia argentina y los argentinos de hoy, y que difícilmente servirá a su expresión algún istmo foráneo, incrustado a la fuerza con el aliento de algunos porteños demasiado cosmopolitas».[73]

Alude sin duda aquí a los llamados autores de vanguardia, que utilizan los recursos de las corrientes aparecidas en Europa hacia 1950.

Nos referimos principalmente al teatro del absurdo y al teatro de la crueldad, cuyos más altos exponentes son, Ionesco, Adamov, Becquet para el primero y Genet y Artaud para el segundo.

Los autores locales que adhieren a estas propuestas, Griselda Gambaro[73], Eduardo Pavlovsky[74], Alberto Adellach[75], para nombrar a los más representativos en su momento, intentan una superación del realismo al que consideran caduco y poco eficiente para transmitir su mensaje.

En cambio, los creadores de la generación del 60 intentan rescatar nuestras raíces teatrales, fundadas en la observación atenta de la realidad. La fidelidad a esta traición los llevará hacia el grotesco. Dice Halac en ocasión del prólogo a *El avión negro*: «Si realismo es selección de datos significativos de la realidad, grotesco es exacerbación de esos datos hasta la exasperación. El grotesco es un estilo

---

70 En la revista *Teatro*, Teatro Municipal General San Martín, Bs. As., Año 5, No. 20.

71 En el Prólogo a *El avión negro*, Bs. As., Talia, 1971.

72 Ibidem.

73 *Griselda Gambaro*: Estrena en el Instituto Di Tella *El desatino*, enrolado claramente en el teatro de vanguardia, así como el resto de sus obras: *Las paredes* (1966), *Los siameses* (1967), *El campo* (1968), *Nada que ver* (1977) y otras.

74 *Eduardo Pavlovski*: Autor teórico de la vanguardia argentina, es también actor de sus propias obras. Merece destacarse entre todas *El señor Galíndez* (1973), donde alcanza su más alta expresión su estilo, por él mismo denominado «realismo exasperado».

75 *Alberto Adellach*: (nac. 1933). *Homo dramaticus* es una de las mejores obras de vanguardia de nuestro país. El autor continúa en la actualidad profundizando ese lenguaje. Para más información sobre estos tres últimos autores, consultar en esta misma colección el tomo dedicado a *Teatro breve contemporáneo argentino II*, con Introducción de Elvira Burlando de Meyer y Patricio Esteve.

auténticamente argentino que tiene las siguientes características; premisas i. ló-gicas claras, diálogo directo, tono tragicómico, que empieza en la farsa y termina en una revelación dramática; búsqueda del espectador para conmoverlo. *El avión negro* es una apertura para el teatro argentino porque colmó estos requisitos y permitió abordar temas de nuestra realidad que hasta hoy habían quedado ocultos y, por lo tanto, impunes».[76]

A pesar de esta manifiesta adhesión al realismo, ya para el 70 la mayoría de los autores han intentado nuevos lenguajes: el grotesco, el realismo mágico, el teatro épico, el absurdo, el teatro de la crueldad. Podemos excluir quizá a Julio Mauricio, quien sigue profundizando en un realismo costumbrista.

Un grupo de actores jóvenes, hoy famosos, ponen en escena las obras de estos dramaturgos. Podemos mencionar a Federico Luppi, Norma Aleandro, Marilina Ross, Emilio Alfaro, Bárbara Mujica, Pepe Soriano, Luis Brandoni, Julio de Grazia, Juan Carlos Gené, y omitimos a muchos. El cine y la televisión, además del teatro, han popularizado sus nombres.

2. Roberto Cossa; de Nuestro fin de semana a Los compadritos

De todos los dramaturgos de la Generación del 60 quizá sea Cossa el más preocupado por deshilvanar la urdimbre ideológica de la clase media.

Por eso aparecen en sus obras la historia política reciente, los mitos porteños que remiten a un pasado ideal, las evasiones de la realidad, los valores, las creencias y las fantasías sobre el porvenir.

El personaje preferido de nuestra historia política es Juan Domingo Perón. Se menciona su caída y el consiguiente advenimiento de una nueva época en *La pata de la sota*. «*José*. Y ustedes empiezan en una buena época. Ahora que las cosas se arreglaron (se produjo el golpe del 55), todo va a andar bien. Volvemos a la normalidad después de estos diez años locos». (...) «Creían. Creían en la propaganda y que de pronto tuvieron unos pesos en el bolsillo. Ahora se los va a educar y van a entender que todo eso era una mentira».[77]

También se presenta el ascenso, caída y retorno de Perón en *El viejo criado* y, junto con los dramaturgos del Grupo de Autores, escribe *El avión negro*, pieza dedicada enteramente a Perón y el peronismo.

No importa cómo, siempre la aparición de lo político remite a la imposibilidad de la clase media (trabajadores e intelectuales) de incorporarse a un proyecto comunitario que dé sentido a su proyecto individual.

El rechazo por el peronismo, la caída de otros gobiernos bajo los golpes de estado (Frondizi, Illia), la adhesión a teorías políticas sin expresiones reales, impulsan a estos personajes a jugarse en proyectos individualistas o a vagar sin rumbo.

Dice Morandi, uno de los ex-compañeros de Julián Bisbal *(Los días de Julián Bisbal)* (...) antes militante universitario y ahora próspero empresario: «No, no es eso. Uno no deja de tener sus ideales, pero de ahí a hacer militancia política... ¿Para qué? Si acá no hay ideologías, (...). En un país sin ideología no se puede hacer

76 Halac. Op. cit.
77 Cossa, Roberto. *Nuestro fin de semana. Los días de Julián Bisbal. La pata de la sota.* Bs. As., Talía, 1972.

Roberto Cossa. (Fotogr. Angel Juarez - Archivo diario Clarín)

política. Aquí son todos improvisados; lo mismo da ser socialista, que conservador, que peronista. Distinto es en Europa, o en Estados Unidos, donde las cosas están definidas...»

Y aparece aquí otra nota característica: el desprecio por lo propio, que empalidece ante el brillo de lo extranjero, se llame Europa, Estados Unidos o Australia.

«*Alberto:* Hoy estuve en la embajada, viejo. Parece que es medio difícil conseguir trabajo, no siendo técnico o no teniendo ninguna especialización. Además tenés que saber bien el inglés. Les dije que estuve en el sur dos años, trabajando para una compañía norteamericana, pero... No sé si servirá como antecedente. Este tipo que fui a ver recomendado me dijo que fuera lo mismo, que aunque sea de lavacopas iba a conseguir»[78].

En *Gris de ausencia* (1981) presenta el dolor que el desarraigo suele poner en estas tierras de Jauja.

Otras utopías son el negocio por cuenta propia *(Nuestro fin de semana),* el rápido ascenso social y económico *(No hay que llorar),* la búsqueda de seguridad en un trabajo estable *(Tute cabrero),* la casa propia, el coche.

Los agitados vientos que soplan sobre nuestra vida política, los egoísmos, las rivalidades entre compañeros, o simplemente el temor a cambiar derrumban los castillos de naipes que los personajes trabajosamente construyen.

El fracaso o simplemente la falta de perspectivas los impulsa a diversas formas de evasión: la televisión, el club, las comidas entre amigos, la bebida, la remembranza de un pasado mejor.

Hemos mencionado ya *El avión negro* (1970). Esta pieza es muy importante dentro de la producción de Cossa porque marca el abandono del realismo para adentrarse en otros lenguajes dramáticos: el grotesco, el absurdo, el humor negro, la crueldad, el sainete.

Su creación teatral se interrumpe hasta 1977 en que con éxito estrena *La nona,* que dura un año y medio en cartel con gran concurrencia de público.

La nona es ya decididamente un grotesco, con ciertos tintes de absurdo. Le siguen en 1979 *No hay que llorar,* en la misma línea.

Comenta Cossa en 1977:

«Con respecto al grotesco, es evidente que yo lo tenía metido muy adentro de mi piel. Es un género que a mí siempre me gustó mucho y creo que no lo intenté porque no había cumplido la etapa necesaria de asimilación que yo quería. Para mí, la diferencia entre el grotesco y otros géneros de teatro que hasta ahora he cultivado, consiste en que el autor tiene una visión dramática de las cosas y el humor sale a partir de situaciones hiperrealistas, pero siempre a partir de una situación que se despliega de lo cómico a lo dramático dentro de la realidad»[79].

En 1980 escribe *El viejo criado* donde abandona definitivamente el realismo. La ruptura del espacio real, la simultaneidad de distintos tiempos cronológicos, el uso de símbolos y hasta la ausencia de acción dramática, nos permite considerar esta obra dentro del teatro del absurdo.

De 1980 a la actualidad Cossa ha estrenado varias obras más, con distinta fortuna. En todas ha continuado el camino de búsqueda formal iniciado en *El avión*

78 Ibidem.

79 En *Teatro,* Bs. As., Año 5, No. 20.

negro; en cambio ha profundizado el tema que esbozara en 1964: la interpretación de su realidad inmediata.

3. Ordenamiento cronológico de su obra. Teatros. Directores. Elencos.

1964.   *Nuestro fin de semana.* Teatro Río Bamba. Direc. Yirair Mossain. Elenco: Teatro de los Jóvenes.

1966.   *Los días de Julián Bisbal.* Teatro Regina. Direc. David Stivel.
        La ñata contra el vidrio. Local nocturno Gotán. Direc. Luís Macchi.

1967.   *La pata de la sota.* Teatro ABC. Direc. Luis Macchi.

1970.   *El avión negro.* En colaboración con Germán Rozenmacher, Carlos Somigliana y Ricardo Talesnik. Teatro Regina. Direc. Héctor Gióvine.

1977.   *La nona.* Teatro Lasalle. Direc. Carlos Gorostiza. Elenco: Grupo de Trabajo.

1979.   *No hay que llorar.* Auditorio de Buenos Aires. Direc. Héctor Aure. Elenco: Grupo de Trabajo.

1980.   *El viejo criado.* Teatro Payró. Direc. Roberto Cossa.

1981.   *Tute cabrero.* Los teatros de San Telmo. Direc. Raúl Serrano.
        Gris de ausencia. Teatro del Picadero. Direc. Carlos Gandolfo. Elenco: Teatro Abierto.

1982.   *Ya nadie recuerda a Fréderic Chopin.* Teatro Planeta. Direc. Ruben W. Correa.
        El tío loco. Teatro Margarita Xirgu. Direc. Laura Yusem. Elenco: Teatro Abierto.

1983.   *El viento se los llevó.* En colaboración con Francisco Ananía, Eugenio Griffero y Jacobo Langsner. Teatro Margarita Xirgu. Direc. Roberto Castro, Alberto Cattán, Omar Grasso y Julio Baccaro. Elenco: Teatro Abierto.

1984.   *De pies y manos.* Teatro Nacional Cervantes. Direc. Omar Grasso. Elenco: Comedia Nacional.

1985.   *Los compadritos.* Teatro Presidente Alvear. Direc. Villanueva Cosse y Roberto Castro.

VI. LA NONA. ANALISIS E INTERPRETACION

1. La construcción dramática

Acto Primero

   Introducción: La obra se inicia con una situación que presenta a las fuerzas en conflicto, caracterizadas por medio de su accionar. María, es activa y su misión es ordenar la vida familiar; «pela arvejas frente a una enorme olla». Anyula, servicial y humilde, «ceba mate». La nona, «come pochoclo *en forma continuada*». Chicho, «tirado en la cama leyendo el diario», simula componer un tango, pero en realidad haraganea. Martita, parte a hacer guardia en la farmacia donde trabaja, forma en la que disimula sus salidas nocturnas. Finalmente entra Carmelo, jefe de familia y prestigioso puestero de la feria. El conflicto es expresado con claridad por primera vez:

> *«Carmelo:* ¿Qué va a pasar? Que no llegamos a fin de mes... La idea de ahorrar para poner el mercadito, bueno... Mejor que me la olvide. Pero si esto sigue así voy a tener que vender el puesto de la feria... No... *el problema de esta casa es otro.*
>
> *Nona:* (Imperativa) ¡E cuando si manya!»

La escena que sigue corresponde a un despliegue a través de acciones, de lo expresado antes verbalmente. La nona comienza a comer vorazmente mientras todos se afanan en servirla. El ritmo va in crescendo a causa de las solicitaciones de la nona y se corta bruscamente por la aparición de Chicho que sale de su pieza.

Desarrollo: Planteado el conflicto, comenzará la lucha entre las fuerzas, es decir, los esfuerzos desesperados de la familia por escapar de la ruina. Es importante destacar que Chicho se mantendrá fuera del combate (ya que no participa del objetivo familiar de «progresar») y cumplirá la función de inventor de ardides para derrotar a la nona. El hambre desmedida de la nona significa una amenaza para su condición de artista desocupado.

Cada una de las artimañas de Chicho corresponderán a fases breves, separadas por cortes de luz que indicarán el paso del tiempo.

a) Primer ardid. De noche. Carmelo plantea seriamente a Chicho que debe trabajar; ya le ha conseguido trabajo como ayudante del pescadero. Chicho, acorralado, propone la primera solución. Quizá la nona muera pronto, la nona enferma; hay que llevarla al médico para que confirme su diagnóstico.

Al día siguiente. Fracaso del primer ardid. El médico ha dicho: «Tienen abuela por muchos años». Chicho se siente nuevamente amenazado.

b) Segundo ardid. Chicho propone a la abuela salir a pasear; la abandona en el Ital Park.

Segundo fracaso. La nona regresa con un globo rojo y una «manzanita».

c) Tercer ardid. Casar a la nona con don Francisco, el dueño del kiosko. Chicho ejecuta su plan en dos etapas: la primera, persuación de don Francisco; la segunda, la ceremonia civil, precedida de la fiesta de bodas.

Aquí finaliza el primer acto con el triunfo de la familia. La fiesta expresa la alegría y la creencia esperanzada en un futuro libre de la nona.

Acto segundo

El segundo acto está signado por la deseperanza y presenta el aniquilamiento de la familia en manos de la nona.

Comienza con una situación dramática que contrasta con el final festivo del Acto Primero.

a) Primera fase: Derrota de don Francisco. Una hemiplejia lo paraliza. «La nona, impasible, sigue masticando».

b) Segunda fase: Muestra los comienzos de la ruina familiar. Carmelo ha vendido el puesto. Chicho «trabaja» vendiendo biblias. Se repite la escena en que la nona come; esta vez es Carmelo quien llorando la alimenta.

c) Tercera fase: Ahora toda la familia trabaja para la nona. Anyula limpia en casa de familia, María vende pullovers, Carmelo carga camiones (ha comenzado a

Escena de la representación de «La nona». Teatro Lasalle, 1977
(Archivo diario Clarín)

beber), Chicho es cafetero y don Francisco pide limosna.

ch) Cuarta fase: Se agudiza la crisis. Le roban a don Francisco, Carmelo hipoteca la casa, venden el televisor, Martita se hace alternadora.

d) Quinta fase: La familia, sitiada por la desesperación decide luchar contra la nona. Planean entonces asesinarla. Chicho será nuevamente quien imagine el recurso: asfixiarla colocando un brasero en su pieza.

Primera derrota: La nona cocina en él huevos fritos.

e) Sexta fase: Muerte de Anyula.

Una primera subfase presenta la progresiva derrota de la familia. Martita es ahora prostituta; atiende los clientes en su casa; está enferma y agotada. Carmelo se emborracha. Falta la heladera.

La segunda subfase corresponde al segundo intento de asesinato y el segundo fracaso. El veneno no mata a la nona, pero fulmina a Anyula. Comienza aquí a afirmarse la condición inhumana del personaje.

f) Séptima fase: Muerte de Carmelo.

Primera subfase: En la cocina sólo quedan aparador, mesa y cuatro sillas. Martita está en el hospital. Carmelo ya es un borracho. Junto con Chicho venden flores frente al cementerio.

Segunda subfase: La nona se come las flores en ensalada. Carmelo cae muerto.

g) Octava fase: Aniquilación familiar. La cocina vacía. Cajones de fruta sirven de asiento. Martita ha muerto en el hospital. María se va a Mendoza a vivir con sus hermanas. Chicho, solo, se pega un tiro.

h) Novena fase: Desenlace

La nona, sola, impera en la escena, masticando un pan.

Esta detallada reseña de la intriga está destinada a destacar la existencia de dos momentos en la obra que corresponden a los dos actos.

En el primer acto predomina lo cómico, pues el personaje de la nona aparece como extravagante y los intentos frustrados por deshacerse de ella parecen una burla. La nona es aún pasiva; sufre estos intentos sin reaccionar.

En el segundo acto, aparece el humor negro y lo grotesco, pues bajo la apariencia de abuela italiana, comilona pero inocua, comienza a vislumbrarse un ser diabólico y asesino. Su arma homicida es el comer.

La magnitud de la destrucción se mide claramente si se comparan la situación inicial (la familia de Carmelo Spadone, próspero puestero, reunida alrededor de la mesa) y la situación final (la familia ha desaparecido).

Se llega al desenlace (muerte) por el debilitamiento progresivo e ineluctable de la fuerza familiar. Esta sensación de ineluctabilidad se logra por la sucesión meticulosa de secuencias breves, independientes unas de otras, separadas como ya se ha dicho por cortes de luz.

Los trabajo inhumanos (Martita), los disgustos (Carmelo, don Francisco), el error (Anyula), la desesperación (Chicho) matan a los personajes. A diferencia de ellos, la nona no intenta ninguna acción directa contra la familia. La nona avanza comiendo.

2. Los personajes

Cossa presenta una clásica familia de pequeña clase media porteña, descendiente como casi todas de inmigrantes. La ubicación geográfica (zona sur de Buenos Aires), delata su origen étnico y su status social. En la zona sur:Barracas, la Boca, Avellaneda se establecieron los inmigrantes italianos dedicados a los oficios más humildes.

También los nombres indican su ascendencia italiana: Carmelo, Anyula, Chicho, la nona. Curiosamente, Carmelo lleva el mismo nombre que el protagonista de otro grotesco, *He visto a Dios,* antes mencionado.

Carmelo Spadone

Cuando comienza la obra, es un próspero propietario; posee la casa y el puesto de la feria, planea con sus ahorros independizarse instalando un mercadito. Además goza de prestigio entre sus pares. «¡Yo, Carmelo Spadone! Respetado por todos los puesteros del mercado. ¡Me admiraban!, ¿me oís?, ¡me admiraban! Me consultaban... ¡A mí! ¡Un maestro! Así me dijeron una vez: «Sos un maestro, Carmelo».

Es la cabeza de la familia; actualizando un tema abundantemente tratado en el período anterior, se plantea la obligación de mantenerla, incluyendo la tía y el hermano. Su función es la de organizar la «resistencia» a la abuela.

Es ingenuo a fuerza de honradez; cree en los trabajos nocturnos de su hija. Por eso es más dolorosa su destrucción, cuando hacia el final acepta el dinero que Marta gana con la prostitución.

Sin embargo, Carmelo ha cometido un error: cifrar lo que es en lo que tiene. Cuando debe vender su puesto se lamenta: «Ya no tengo más el puesto... *soy* un don nadie».

María

Cumple también con el rol que la sociedad le asigna: esposa y madre; su lugar está en la casa como organizadora y administradora de la vida doméstica. Su función es secundar a Carmelo en sus proyectos. Es la única que no muere (a pesar de que pierde todo lo que ama) quizá porque no pertenece a la familia Spadone.

Martita

Es la hija, joven, bonita. Este es un personaje secundario, que no toma parte en la lucha. Está caracterizado exclusivamente por su accionar.

Siempre en segundo plano, va marcando rigurosamente la ruina de la familia. De las divertidas salidas con distintos candidatos (el del Falcon, el de la moto), pasa a ser alternadora, luego prostituta, enferma y muere en el hospital. Ella concreta la amenaza que pesa sobre la mayoría de las hijas jóvenes de los grotescos de Discépolo: la prostitución.

Anyula

Es la tía de Carmelo, hija de la nona. Oscura y resignada, siempre tratando de hacerse perdonar el vivir a costa de su sobrino.

Su función es la de ayudante de Carmelo, de María, de Chicho. Su inocencia vuelve más injusta su muerte, por error.

Chicho

Es el artista de la familia. En realidad es un holgazán que inventará los recursos más inverosímiles para librarse de la nona. La desproporción de sus propuestas con lo angustioso de la situación familiar es fuente de incontables momentos cómicos.

Chicho propone que la nona: haga cobranzas, sea profesora de italiano, ayudante del pescadero, jubilarla, enfermarla, sacarle los dientes, hacerla yirar. Finalmente entra en acción y la lleva al Italpark, la casa, intenta matarla con el brasero y envenenarla. De más está decir que la siniestra idea de hacer mendigar a don Francisco es suya.

Cossa repite en este personaje el nombre del protagonista de otro grotesco, *Don Chicho* (1933) de Alberto Novión. Don Chicho es un pícaro criollo, que vive explotando la inocencia ajena con la mendicidad y el robo. También él hace mendigar a su propio padre, paralítico.

Chicho sintetiza los lugares comunes de la condición porteña: la viveza, el rebusque, la afición al tango, la visión entre poética y nostálgica de la realidad («Nonita... la cabeza blanca como paredón iluminado por la luna»).

Don Francisco

Es el único que no pertenece a la familia y se incorpora a ella gracias a una de las tretas de Chicho para desligarse de la nona. Pero el burlador resulta burlado y los Spadone deben cargar con el inválido.

Don Francisco sin embargo no es una víctima inocente; su propia avaricia le hace caer en la trampa. Este personaje es casi siempre protagonista de situaciones grotescas.

La nona

Este personaje va deshumanizándose a medida que progresa la acción. Pasa de ser una abuela italiana, un poco excéntrica y con la manía de la comida, a ser un monstruo asesino y devorador.

La extrañeza de su condición es reforzada por su edad. Tiene cien años, y parece eterna. El médico que la revisa dice: «Tienen abuela por muchos años».

Su arma es la rutina alimentaria de la clase media argentina: la picadita, la sopa, el escabeche, el guiso rociado con queso de rallar, el asadito, el dulce de batata, el flan con crema. Los viernes, «pucherito»; los sábados, «asadito» y los domingos, «la pasta».

Su condición a medio camino entre el hombre y la bestia es remarcada por el espacio. Habita una pieza situada a la izquierda del comedor de la cual sale solo para devorar su alimento, y a la cual regresa solo mediante el soborno de un «sánguche» o una manzana. La forma veloz y furtiva como entra y sale de la habitación recuerda a un roedor en su madriguera, en la que se esconde para comer el alimento a menudo robado. Siempre tiene los bolsillos llenos de panes, frutas, o paquetes de papas fritas robados.

La resistencia a la muerte es otro dato acerca de su condición inhumana. El humo del brasero no la asfixia, el veneno no la mata. Al contrario, vuelve el arma en contra de sus agresores o en su favor. Con el brasero cocina huevos fritos, con el veneno mata a Anyula.

Parece poseer extraños poderes. Vuelve sola del Italpark y además consigue un globo y una manzanita.

Carece además de sentimientos y de sexualidad. Separa a su hija del hombre que ama; años más tarde se casa con él, sin saberlo. La proximidad de un hombre solo la conmueve si se asocia a la comida (don Francisco solo le interesa cuando se entera que tiene un kiosko).

El sentimiento de repulsión y hasta espanto que provoca este personaje se logra por la contraposición simultánea de su condición de abuela italiana (¡quién no ha tenido o conoce una!), sinónimo de ternura, cuidados, mimos, centro alrededor del cual gira la solícita familia, y su condición de asesina de su propia prole.

3. Tiempo y espacio

El tiempo es lineal, cronológico; los momentos presentados en escena obedecen a una severa selección en virtud de la funcionalidad de los episodios.

El paso del tiempo se marca por el tradicional recurso del apagón, que indica el transcurrir de horas, días. Cada secuencia dura algunos minutos y es autónoma.

Podemos reconocer en casi toda la obra la secuencia: organización-ejecución-fracaso; y cada uno de estos momentos serán estrictamente marcados por los apagones. El resultado es una obra muy comprimida, rica en peripecias y en la cual el paso del tiempo marca meticulosamente la destrucción progresiva de la familia.

Es importante destacar el aspecto ideológico del tiempo. Los personajes miden el tiempo medio de sus obligaciones laborales y familiares, apuntando de este modo el autor a las dos preocupaciones fundamentales de la clase media: el trabajo y la familia.

Se especifican las horas de ingreso y salida del trabajo, la cantidad de horas trabajadas, los turnos. Por otra parte, la familia se reúne alrededor de la mesa, en los horarios rigurosos de almuerzo y cena.

Esta subordinación del tiempo a las comidas es más evidente en la nona, quien se levanta a desayunar cuando ve luz y para quien una fiesta es Año Nuevo.

El espacio donde se desarrolla la intriga es la cocina comedor, verdadero corazón de la casa. La escenografía denota una modesta pero sólida posición social, marcada por la presencia de la heladera y el televisor.

La habitación de Chicho aparece a un costado, como manifestando una condición diferente del personaje.

Al final, la escenografía es una muestra evidente de la derrota de los Spadone; sólo hay unos cajones de fruta y la cama de Chicho.

Tanto escenografía como utilería son tributarios de la acción dramática. Denotan la condición social de los personajes y los roles familiares y laborales. Las mujeres portan siempre mates, pavas, ollas; los hombres sus instrumentos de trabajo:

termos de café, verduras, flores; Chicho, el diario, porque eternamente busca trabajo; y la nona, enarbola su bolsita de pochoclo, o una banana, un pan.

4. Lo cómico - Lo grotesco

En el primer acto predomina la comicidad, provocada generalmente por Chicho y sus locas ideas. Podemos mencionar los trabajos que propone para la abuela, que causan risa por el desajuste entre lo propuesto y la condición real de la vieja (tiene cien años).

También se utiliza el equívoco, como en la escena en que Chicho propone a don Francisco que se case con la nona, y éste interpreta, lógicamente, que le está hablando de la nieta. Con un equívoco se cierra el primer acto, cuando la nona, con el vaso en alto brinda: «¡Feliche año nuevo!»

La comicidad provocada por Chicho proviene en general de su hipocresía, pues el público conoce sus intenciones verdaderas, mientras que el resto de los personajes se deja engañar por sus palabras afectuosas y consideradas. Por ejemplo, lleva a la nona a pasear para abandonarla y cuenta luego compungido la historia inverosímil de que la ha perdido. El efecto cómico se refuerza nuevamente por el desajuste, pues es casi imposible imaginar a la «nonita» caminando hasta el Italpark (unas doscientas cuàdras), mientras charla con su nieto (justamente ella que sólo abre la boca para pedir comida) y ya en el parque solicitar: «Chicho... quiero dar una vuelta en la montaña rusa».

El lenguaje es motivo de innumerables secuencias cómicas. Son un buen ejemplo los intentos de hablar en italiano por parte de Chicho para caer simpático al novio, no muy entusiasmado.

Dice:

> «*Chicho:* El «sorello», llegó el «sorello»
> *Carmelo:* ¡Qué decís, animal! El fidanzato.
> *Chicho:* El fidanzato... el fidanzato...»

También el léxico vulgar sirve para provocar la comicidad.

> «*Chicho:* ¿Le pasa algo a la nonita? ¿Está en *yantas?*
> *Carmelo:* ¿Cómo?
> *Chicho:* ¿Está *chacabuca?*

La comicidad se refuerza con la expresión corporal. Tal la escena en que Chicho se lanza a una alabanza poética y nostalgiosa de la abuelita, mientras ésta forcejea empecinadamente tratando de mojar en pan en el guiso del nieto.

La nona es también, al menos al principio, un personaje cómico. Su condición extraña se revela por sus movimientos (además fue interpretada por una actor): mastica permanentemente, sólo se desplaza en busca de comida, una vez que la encontró se sienta a consumirla, siempre acarrea comida: bolsitas de papas fritas, pochoclo, choripán, mayonesa.

Cualquier objeto que se le agregue refuerza su condición extraña: la mantilla y los zapatos para la boda, el globo rojo y los pochoclos de la ida al parque.

En la primera escena del segundo acto se asiste a la conversión de la nona en un personaje grotesco. Don Francisco cae fulminado por la hemiplejia ante la indiferencia de la nona.

Lo que antes era gula, obsesión por la comida, ahora se ha transformado en antropofagia. Ese masticar monótono e indiferente que antes nos hacía reír (recuérdese la escena de la mantilla) ahora nos estremece. La carcajada ha quedado a medio camino, paralizada por la sorpresa y la angustia.

Así como Chicho y la nona era los personajes cómicos del primer acto, don Francisco y nuevamente la nona serán los personajes grotescos del segundo. Don Francisco ha quedado paralítico y lo obligan a pedir dejándolo en la puerta de calle. Pero «el viejo es un negocio», como afirma Chicho, y lo roban. Antes ha sufrido otras violencias, como el tirarlo a un baldío. El «Catanzaro» repetido en distintos tonos, única forma de expresión que le ha quedado al viejo, remite como una burla a su codicia y el origen de su perdición. Todas estas increíbles situaciones por las que atraviesa el personaje, de por sí cómicas, se vuelven grotescas por la monstruosidad que implican y que todos parecen ignorar.

La nona por su parte provoca situaciones grotescas. Esto es evidente cuando el desgraciado Carmelo, sin cesar de alimentar a la nona, desahoga con Chicho su dolor. La acción repetida mecánicamente produce un efecto cómico: le alcanza casi sin mirarla pan, sal, tomate, perejil, queso, vino. El contraste con lo que el personaje manifiesta —toda una vida de trabajo comida por la nona— lleva al grotesco. La escena llega al clímax cuando la nona comienza a intervenir en el diálogo de Carmelo, transformándolo en un sinsentido.

> «*Carmelo:* (...) «Carmelo... ¿qué te parece este tomate?»
> *Nona:* Ah... ponele tomate, también.
> (...)
> *Carmelo:* (...) «Carmelo... ¿este apio no está pasado?»
> *Nona:* No importa, ponele igual».

El lenguaje se revela también como grotesco, cuando se transforma en arma homicida. Oyendo la cantinela de la nona (pucherito, escabeche, postrecito, flan casero...) Chicho se suicida.

5. El tema

La nona repite con distintos medios lo planteado por Cossa en otra obras. El individualismo, la felicidad puesta en las cosas poseídas, la autoestima asentada sobre el tener o la admiración de los demás, la familia como núcleo social protector del individuo y fin de sus desvelos, son caminos equivocados para llegar a la realización personal.

Carmelo fracasa al igual que Raúl *(Nuestro fin de semana)*, Julián Bisbal *(Los días de Julián Bisbal)*, los hijos de doña Luisa *(No hay que llorar)* porque las seguridades y las realizaciones que buscan no son tales.

El mal no está fuera de ellos (malos gobiernos, injusticias sociales, falta de oportunidades) sino en la falsedad de sus metas. Por eso los Spadone son devorados por la propia abuela, raíz misma de la familia. Es tal la corrupción y la ceguera de estos personajes que han dado de sí un monstruo: la nona.

A diferencia del grotesco discepoliano, no es el contexto el que derrota al héroe, sino él mismo, su misma familia a través de uno de sus miembros.

En las piezas de Discépolo se percibía la compasión del autor por sus personajes, no importa cuán culpables o miserables fueran (remitimos a *Cremona*). En cambio Cossa condena sin piedad a sus criaturas; su destino es inapelable y parece no haber para ellas un resto de piedad o simpatía. Este distanciamiento del autor respecto a sus personajes parece acrecentarse hasta hoy. (Cfr. *No hay que llorar, De pies y manos, Los compadritos).*

Ulises Dumont en el papel de la nona. Teatro Lasalle, 1977
(Archivo diario Clarín)

STEFANO

Grotesco en un acto y un epílogo
de ARMANDO DISCEPOLO

LA EDICION

Sigue la edición de Editorial Jorge Alvarez. Colección clásicos
de nuestro tiempo. Bs. As. 1969 -T-III

PERSONAJES

ÑECA *(18 años)*

MARGARITA *(40 años)*

MARIA ROSA *(75 años)*

DON ALFONSO *(80 años)*

RADAMES *(16 años)*

PASTORE *(40 años)*

ESTEBAN *(20 años)*

Stéfano fue estrenada el 26 de abril de 1928, por la Compañía de Luis Arata, en el Teatro Cómico, de Buenos Aires. Los personajes estuvieron a cargo de Luis Arata (Stéfano), Froilán Varela (Pastore), Berta Ganglof (Margarita), Leonor Rinaldi (María Rosa), Teresa Serrador (Neca), Lalo Bouhier (don Alfonso), Pepe Arias (Radamés) y Jorge Ganglof (Esteban).

ACTO PRIMERO

*Stéfano habita una vieja casa de barrio pobre. Es de tres piezas
la casa; dos dan a la calle; la otra es de madera y cinc y recuadra,
con la cocina incómoda, un pequeño patio lleno de viento. La sala
que vemos es comedor, cuarto de estar y de trabajo, de noche dormitorio y cuando llueve tendedero. El foro tiene dos ventanas de
reja sencilla, alféizar bajo y persianas decoloridas y rotas, y al
centro de cada lateral una puerta casi cuadrada de dos batientes,
sin cristales. La que está a la derecha lleva a un zaguán oscuro. La
de la izquierda, a la otra sala. La humedad ha decorado los muros
empapelados y el cielo raso de yeso. Bajo la araña de dos luces en
cruz, una mesa grande. Entre las aberturas del frente un cristalero
enorme con festones de papel en su estantería, atiborrada de
cacharros, vajilla y cristalería ordinarios. En primer término de
izquierda, delante de un asiento con almohadilla, una mesa de pi-
no cubierta de libros, cuadernos, y papeles de música, tintero,
atril y lapiceros, iluminados por lamparilla eléctrica colgada de un
brazo de palo clavado en la pared. Detrás, en el rincón, un antiguo sofá de cuero, amplio, rotoso, con almohadones casi vacíos.
En la derecha, una máquina de coser, y en el fondo, una cama
jaula cerrada y cubierta por colchas. Sillas de esterilla y paja y una
o dos de patas cortas, tapizadas con trozos de alfombra. Algunos
cuadros y adornos empobrecen la habitación. La acción empieza
a las veintiuna, en verano. Aparece María Rosa sentada en una
silla baja ante la ventana de la derecha. Es magra, enhiesta, de
mentón agudo, nariz corva, boca blanda. Arrugas como trazadas
por cincel surcan el cutis de su cara. Sus ojos pequeños, negros,
vivaces, contradicen lo melifluo de su voz. El cabello es ralo, gris,
sucio. Viste de obscuro con mangas y falda largas; calza viejas bo-
tas de Stéfano, orejudas. Sus manos flacas, duras, fuertes, in-
quietas. Usa complicados pendientes de oro. Cuando anda simula
sufrir y al quejarse con un rictus igual, no emociona. Queda in-*

móvil largo tiempo mirando hacia la calle, que no ve. Oye llegar a Don Alfonso y se lamenta como si estuviese sola.

M. ROSA.—Ay...Ay... *(Don Alfonso viene de la calle, sin rumbo, aburrido. La oye y su fastidio acrece. Tiene el color terroso, el cabello al rape, grandes cejas enmarañadas y fruncidas, la boca despreciativa. Cuando no bambolea la cabeza, como negando, la apoya sobre un hombro, como resistiéndose tercamente a una orden que le disgustase. Usa sombrero blando, deforme; saco estrecho, camisa sin corbata, pantalones duros, faja, botín recio y cadena de bronce con dijes. Es de poca talla, de brazos largos y manos sarmentosas. Avanza y sin hacer ruido da una vuelta en derredor de la mesa. La vieja sigue).* Ay... *(Enterándose)* ¡Uh!... ¿Está aquí?... Me asusta... *(Gruñe él)* Parece un fantasma. E la tercera ve que entra. ¿Qué tiene?... ¿Por qué sufre?

ALFONSO.—Estó haciendo la digestione de ese guisote que hamo comido. Para perro.

M. ROSA.—No le ha gustado

ALFONSO.—No.

M. ROSA.—No. Dice que me canso.

ALFONSO.—Mentira. Osté siempre cre a las palabras. Por eso s'equivoca siempre. *(Anda)*

M. ROSA.—Venga. *(El se le acerca).* ¿Está enojado? *(El afirma.)* Muy enojado.

ALFONSO.—Cuando uno s'enoja, s'enoja todo.

(Se aparta bruscamente porque entra Ñeca por la izquierda trayendo platos y fuentes que pone en la mesa. Es delgaducha, pálida, fina, de inquietos ojos de mirada ansiosa, frente blanca y tersa, cabellos lacios anémicos y linda boca ajada por el continuo lloriquear. Arrastra unos chanclos ruidosos y ciñe su cintura un repasador mugriento.)

ÑECA.—*(Agitada gimotea con voz infantil)* Pobre papá... ¿No volvió?... Se fue sin cenar. ¡Qué desgracia! Guarde esto agüelita ¿quiere? Y ahora se cortó la leche para mañana. ¡Qué día hoy! *(Mira hacia la calle por el zaguán).* Sin comer. Pobre papá. Guarde todo agüelita; no se olvide. ¡Qué desgracia! *(Mutis izquierda.)*

ALFONSO.—*(Impidiendo a María Rosa que se levante.)* Yo...

M. ROSA.—Se puedo yo.

ALFONSO.—Deja.

M.ROSA.—Caprichoso es osté. *(El viejo guarda la vajilla).* Ve...ve, qué lindo: un viejo de sirvienta. No, ayí no; de l'otro lado.

ALFONSO.—E lo mimo.

M. ROSA.—No. Se va a enojá su nuera. *(Se levanta.)*

ALFONSO.—Que s'enoje.

M. ROSA.—Qué gana de sentir gritar. Trae.

ALFONSO.—L'he dicho que deja, María Rosa.

M. ROSA.—Trae. No sea terco.

ALFONSO.—T'ampujo.

M. ROSA.— Haga la proba. Le arranco una oreja.

ALFONSO.—Soltáme. Largo todo e entonce sí que oímo a su linda nuera.

M. ROSA.—Haga la proba. *(Don Alfonso de un empujón la recuesta al cristalero.)* ¡Ay! ¡Animale!

ALFONSO.—¿Ha visto? Siempre se sale con la suya osté.

M. ROSA.—¡Qué forza que tiene todavía! *(Da puñetazos débiles)* Té. Té.

ALFONSO.—¡Uh... qué daño que me hace!

M. ROSA.—*(Yendo a su silla)* ¡Qué bruto que es!

ALFONSO.—¿S'ha hecho male?

M. ROSA.—No le voy a dar ese gusto.

ALFONSO.—Blandita osté también. *(Pone su mano pesada en una caricia)* Está ayí que no puede moverse...

M. ROSA.—*(Quejándose.)* Ah...

ALFONSO.—¿Ve? Me gustaría que no pudiera moverse má.

M. ROSA.—Qué cariñoso.

ALFONSO.—Así descansa. No sea estúpida.

M. ROSA.—*(Sonriente).* ¡Uh... qué enojado qu'está! Me hace recordar la juventú. Cuando se ponía terco, así... *(Imita)* y malo, peque yo no lo besaba. *(El gruñe.)*

RADAMES.—*(De la calle, a trancos. Pantalón largo, camisa blanca, correa. Narigón, boca grande y sensual, pelo duro corto. En su desconcierto mental es inexpresivo. Su voz robusta no tiene modulaciones. Mueve los brazos sin violencia, con las manos rígidas, los codos sin juego. Sólo sus pensamientos son desmedidos.)* Agüelito, agüelita. Pasaron los bomberos. Tararí tarará. Y no se vieron más. Se incendia algo, lejos. Las yamas habrán empezado de abajo, por una chispa y ahora tocarán las nube. Yo quisiera ser bombero para salvar a la gente que se quema porque uno no oye que gritan socorro, socorro *(Mutis izquierda.)*

ALFONSO.—*(Echando al nieto que se ha ido.)* ¡Va! ¡Va! *(Pausa.)*

M. ROSA.—¿Sabe una cosa, Alfonso?

ALFONSO.—Sí. No la diga.

M. ROSA.—Osté no me quiere má.

ALFONSO.—Bueno.

M. ROSA.—No m'acompaña. Entra, sale, va e viene e me deja sola hora e hora a este rincone. En medio de tanto chico molesto, de esta nuera fría fría e de ese hijo siempre cansado.

ALFONSO.—Yo no tengo la culpa de estar acá. Osté ha querido seguir a su hijo predilecto. Ahí lo tiene a su hijo. Se lo regalo. A todo se lo regalo.

ÑECA.—*(Lamentando.)* Sin comer. Tantos días sin comer casi. *(Trae vajilla que deja sobre la mesa. Radamés la sigue.)*

RADAMES.—Ñeca, ¿querés que te dé un beso? *(Ella pone su carita tierna al beso trompudo.)* Yo te quiero mucho porque sos mi hermana y te tengo lástima.

ÑECA.— *(Llorando.)* Pobrecito. *(Lo besa.)* ¡Qué desgracia! *(Mutis izquierda.)*

RADAMES.—Agüelito, usté tomó algo que arde.

ALFONSO.—*(A María Rosa.)* ¿Qué?

RADAMES.—Se le ve en la cara.

M. ROSA.—Tenga rispeto.

ALFONSO.—¿Qué diche? *(A ella.)*

RADAMES.—Yo le tengo respeto.

ALFONSO.—¡Va! ¡Va!

M. ROSA.—Andate, figlio.

RADAMES.—Y le tengo respeto porque usté es mi agüelo. *(Mutis por derecha.)*

ALFONSO.—Se hace el loco. Tendrían que dejármelo a mí. Se curaba.

M. ROSA.—¡Uh, qué mal humor que tiene! *(Sonríe.)* ¿Ha tomado su cañita? *(Se inquieta el viejo, se le ven los ojos, pero afirma.)* Mentira. ¿Le gustaría tomarla? *(Niega don Alfonso).* Mentira. Agarra. *(Le da una moneda).*

ALFONSO.—¿Cómo tiene esto?

M. ROSA.—Me l'ha dado Stéfano ante de salir.

ALFONSO.—Mentira. Yo estaba cuando salió. L'ha robado.

M. ROSA.—*(Contenta.)* No.

ALFONSO.—Sí. L'ha robado. Te conozco a la malicia.

M. ROSA.—Uh, cómo es. Es un diablo osté. *(Confidencia.)* ¿No comprende, sonso, que me gusta robar la monedita que le doy?

ALFONSO.—Yo todavía no la conozco, María Rosa.

M. ROSA.—Tenemo que acompañarno. Alfonso, Estamo tan solo entre tanta gente...

MARGARITA.—*(Debe haber sido bellísima. Despeinada, mal vestida, afanada y deshecha por el trajín casero y doblegada por la muerte de todas sus esperanzas, conserva aún rastros de su gentileza de ayer. Pero su carácter se ha roto, y así como se exalta y manotea y grita, se enerva, llora y decae. Trae los últimos platos, que guarda entrechocándolos. Actúa como si los viejos —acobardados por su llegada— no estuvieran presentes. Ante los enseres que dejara Ñeca.)* Ñeca... Siempre la misma distraída *(En la derecha, llama.)* Ñeca. *(Se agita.)* ¡Ñeca!

ÑECA.—*(Adentro, lejana)* ¿Qué?

MARGARITA.—Nada *(Termina de ocultar la vajilla con un portazo. Se yergue con los puños en los riñones.)* Ah... *(Se peina ahora con los dedos, luego de sacudir la cabeza.)* Nadie da una mano con gusto aquí. Ni los hijos. Hay que pedir por favor y, además, quedar debiéndolo, el favor. *(Limpia. Dirigiéndose a los ancianos, de pronto.)* ¿Y los chicos? ¿Adónde están?

M.ROSA.—No sé. *(A don Alfonso.)* ¿Osté sabe?

ALFONSO.—Afuera.

MARGARITA.—¿Solos?

ALFONSO.—Todos ajuntos. *(Va a salir.)*

MARGARITA.—Deje. Gracias. Ahora estoy yo. *(Desde el zaguán.)* ¡Chicos! *(Vuelve)* Estoy yo. *(Por entre las persianas.)* Aníbal. Atilio. *(Intenta silbar y no lo consigue. Se estruja la boca. A don Alfonso que insiste en salir.)* No vaya, le he dicho. No me haga cumplidos. En víctima, no. No las puedo soportar.

ALFONSO.—*(Tartamudeando de ira.)* ¿Aquí? ¿A... nosotro?

M. ROSA.—*(Apresurada.)* No; a la vítimas.

ALFONSO.—Ah.

MARGARITA.—Me han arruinado la vida, las víctimas; me han desecho el ánimo.

ALFONSO.—Iba a salire, de todo modo.

MARGARITA.—Váyase, entonces. Con tal de que haga su gusto...

ALFONSO.—No; ahora no.

MARGARITA.—¡Ve si es... viejo!

ALFONSO.—*(Grita.)* ¡Ochenta año!... Vérgine Santa *(Margarita se defiende llorando, con las manos en la frente.)*

M. ROSA.—*(A don Alfonso.)* Cayate, vo. No comprende.

ALFONSO.—Me manosea.

M. ROSA.—Voy yo. Voy yo e ya está. *(Se lamenta.)* ¡Ah! *(Al pasar.)* Vamo viejo, vamo.

73

MARGARITA.—Mire, vieja... Si usté pisa el zaguán... salgo así, como estoy. *(Se despeina. Don Alfonso hace retroceder a María Rosa.)*

M. ROSA.—Bueno, Margherita; bueno. No se ponga así. Le hace mal. Por eso está tan flaca.

ESTEBAN.—*(En la izquierda. Traje negro, chambergo, corbata de moño. Es buen mozo de cutis marfileño; lento, triste, severo, seguro de sí mismo.)* ¿Qué ocurre?

MARGARITA.—*(Miente con descaro.)* Nada, hijo; traje los platos... *(Se quita el delantal para acercárcele.)*

ALFONSO.—¡Qué fémmena! [1] *(Parece que va a partir de su rincón y levantarla de un cabezazo.)*

M. ROSA.—*(Le ruega que calle.)* St. Es hestérica [2] *(Don Alfonso va a salir, tembloroso, pero se queda en el umbral, escuchando.)*

MARGARITA.—¿Te vas?... ¿No querés otro mate?... ¿Llevás pañuelo?... *(Se asegura palpándole el bolsillo en que lo usa. Le retoca el moño de la corbata, la inclinación del sombrero, la curva de las cejas. Su violencia de hace un instante es ternura, sus movimientos nerviosos son caricias.)* ¡Qué lindo mi hijo!... Tan bueno; tan consciente. Ah, yo no sé qué sería de mí sin vos, Esteban.

ESTEBAN.—*(Serio.)* Qué exagerada es.

MARGARITA.—No vengas muy tarde.

ESTEBAN.—Acuéstese. No me espere.

MARGARITA.—No puedo dormir si no estás en casa.

ESTEBAN.—Pero es que atormenta saber que usted me aguarda.

MARGARITA.—No.

ESTEBAN.—Es amor mal entendido pesar sobre quien se quiere.

MARGARITA.—No. Pobre mi hijito durmiendo en ese altillo. Tan serio; tan hombre. Teniendo que trabajar, en vez de dedicarse a escribir todo lo que lleva en su cabecita inteligente.

ESTEBAN.—*(Fastidiado.)* Mamá... Soy feliz cumpliendo.

MARGARITA.—No, no. ¿Vas a verte con Ernesto?

ESTEBAN.—Sí.

MARGARITA.—Salúdalo en mi nombre. Lo quiero a tu amigo. Si se casara con la Ñeca...

ESTEBAN.—Pero mamá... ¿en qué piensa?

MARGARITA.—Sí, sí. Discúlpame. Se parece tanto a vos...

ESTEBAN.—*(A los viejos.)* Hasta mañana.

---

1 *Fémmena:* del ital. *fémina,* mujer, hembra.
2 *Hestérica:* vulg. histérica.

M. ROSA.—Hasta mañana, figlio.[3]

ALFONSO.—Estáte buono.

MARGARITA.—*(Celosa.)* Vení... Tenés una hilacha... *(Salen.)*

ALFONSO.—Todo para él. Todo para él. Así quisiste a Stéfano, el hijo intelegente, así lo criaste, e ve a lo que hamo yegado.

M. ROSA.—No remueva, Alfonso, no remueva.

MARGARITA.—*(Llama antes a los hijos, silbando desde el zaguán, luego entra.)* Lo que me desespera es la ausencia de cariño. Costaría tan poco vigilarlos. *(No los mira, atareada. Limpia la mesa a golpes de trapo, la cubre con una carpeta raída, pone un centro roto que toma del cristalero enciende la lamparilla de la mesa de Stéfano y apaga la de la araña.)*

ALFONSO.—Voy a hacer el ñeñero[4] ahora *(Sarcástico.)*

M. ROSA.—Nosotro los queremo: son ñeto[5].

ALFONSO.—Sólo que no yoramo.

MARGARITA.—Esto sí: llorar no saben; por nada, por nadie.

ALFONSO.—Nosotro ya hamo yorado todo el yanto que teníamo.

MARGARITA.—Yo, no. Yo, no. *(No encuentra ya qué sacudir.)* Yo, no. *(Se va por izquierda.)*

M. ROSA.—No sabe todavía qué es sofrir.

ALFONSO.—No s'acaba nunca. Ya lo sabrá cuando sus hijo téngano begote.

M. ROSA.—Hijo chico, dolore chico; hijo grande, dolore grande.

ALFONSO.—*(Asiente.)* Ah. En cada hijo crece un ingrato. Lo pide todo e cuando lo tiene... lo tira. *(Stéfano es alto, fornido, pero está en plena decadencia física. Agacha ya los hombros y carga el andar en las rodillas. Tiene las mejillas fláccidas y el cuello flaco, con magrura de sufrimiento; la frente amplia deprimida en las sienes. Al echar hacia atrás los cabellos ondulados que le blanquean, su ademán asegura que los tuvo abundantes. La «embocadura» del trombón le ha deformado el centro de su labio de bigotes castaños. Sus manos son amables, elegantes, virtuosas. Usa un anillo de piedra obscura en el anular izquierdo. Serio, parece que llorara y al sonreír —que sonríe fácilmente, hasta cuando va a llorar— sus ojos de párpados pesados se agrandan expresivos, socarrones. No es débil y se le ve qué control lo domina al soportar una injusticia o una desgracia. Apasionado, es desmedido y en la ira debe ser feroz. En la soledad decae con tristeza aplastante. Viste con saco negro,*

---

3 *Figlio:* ital. hijo.

4 *Ñeñero:* por niñero.

5 *Ñeto:* por nieto.

cruzado; pantalón de fantasía sobre el botín de elástico; cuello bajo duro o palomita[6] y corbata hecha, con alfiler. Su galera no tiene sitio constante. Al entrar la trae sobre una oreja. Debe haber caminado mucho, solo, ajeno a todo. Va a volverse, pero su mesa iluminada le sorprende. Mira con fastidio hacia la izquierda. Se acerca a los papeles y los observa con disgusto creciente.)

STEFANO.—*(Amenaza darles un manotazo.)* Basura. *(Se aparta echándose el sombrero sobre la otra oreja. Ve a los viejos que se inquietan en el rincón obscuro.)* ¿Quién ha muerto?... Parece que estuvieran oyendo una marcha fúnebre... *(Solfea la de la 3a de Beethoven.)* ¿Qué tienen?

M. ROSA.—Niente,[7] figlio.

STEFANO.—¿Acaso Margherita...?

M. ROSA.—No, no. Estamos así... triste.

STEFANO.—¿Tristes?... Menos mal, mamma. Si estuvieran alegre yo... me alegraría, pero no puede ser, estamos en tono menor e hay que tocar lo que está escrito. *(Enciende la araña.)* Yo también estoy triste. Triste com'una ostra. ¿Han visto la ostra pegada al nácar?... ¡Qué pregunta!... *(Sonríe.)* Sí, l'han visto. Hemo nacido a un sitio... *(Con fervor.)* ¡Ah, Nápoli lontano nel tiempo![8]... a un sitio que con sólo tirarse al mar desde las piedras se sale con ostra fresca e la piel brillante. ¡Qué delicia!... Al alba... con el calor de la cama todavía... Toda cantaba en torno; todo era esperanza.

M. ROSA.—Ah.

STEFANO.—*(Vuelve a ella.)* Sí, e triste mirar atrás. Por eso que mirar adelanta incanta. *(Sonríe, y luego un disgusto escondido lo pone feo, Don Alfonso que gruñe, le hace reaccionar.)* Como la ostra pegada al nácar. Cosa inexplicable la tristeza de la ostra. Tiene l'aurora adentro, y el mar, y el cielo, y está triste... como una ostra. Misterio, papá; misterio. No sabemo nada. Uh... quién sabe qué canta que no le oímo... la ostra. A lo mejor es un talento su silencio. Todo lo que pasa en torno no l'interesa. L'alegría, el dolor, la fiesta, el yanto, lo grito, la música ajena, no la inquietan. Se caya, solitaria. La preocupa solamente lo que piensa, lo que tiene adentro, su ritmo. ¡Qui fuera ostra!.

ALFONSO.—Tú sei un frigorífico pe mé.

---

6 *Cuello palomita:* cuello postizo, almidonado, que se fijaba a la camisa.

7 *Niente:* ital. nada.

8 *Nápoli lontano nel tiempo:* Nápoles lejano en el tiempo

STEFANO.—Jeroglífico, papá.[9]

ALFONSO.—Tú m'antiéndese.

STEFANO.—*(Apesadumbrado.)* E usté no.

ALFONSO.—Yo no t'ho comprendido nunca.

STEFANO.—Y es mi padre. Ma no somo culpable ninguno de los dos. No hay a la creación otro ser que se entienda meno co su semejante qu'el hombre.

ALFONSO.—Cuando párlase conmigo te complícase.

STEFANO.—¿Sí?... Me yena de confusione, papá. *(Conmovido.)* Nunca quiero ser más sencillo que cuando hablo con usté.

ALFONSO.—Te ha burlado siempre de mí.

M. ROSA.—Cayáte.

STEFANO.—No, papá.

ALFONSO.—No soy tan iñorante. Ha despreciado siempre mis opinione.

STEFANO.—No.

ALFONSO.—Te han hecho reír.

STEFANO.—No.Me han hecho yorar.

ALFONSO.—¿Ve? ¡Te han parecido mejore la tuya, siempre!

STEFANO.—*(Tranquilizado.)* Esto sí. Lo confieso.

ALFONSO.—Por eso estamo así.

M. ROSA.—Alfonso...

STEFANO.—¿Cómo?

ALFONSO.—¡E pregunta! ¡A la opulencia estamo!

M. ROSA.—St. Cayáte. Va a sentir Margherita. *(Cierra la puerta de izquierda.)*

STEFANO.—¿Qué? ¿Falta el pane aquí? ¿Ha faltado alguna vez el pane? *(Tiembla.)* ¡Esto é lo único que no le permito a nadie! ¡Ne a usté! ¡Me he deshecho la vida para ganarlo! ¡Estoy así porque he traído pan a esta mesa día a día; e esta mesa ha tenido pan porque yo estoy así!

M. ROSA.—¿Pe qué no déjano esta discusiones inútile?

ALFONSO.— *(Con su cabeza trémula.)* La vita no e sólo pane. Nosotro no lo precesábamo; lo teníamo ayá. La vita no e sólo pane, la vita e tambiene pache e contento.

STEFANO.—*(Sobreponiéndose.)* Entonce... alegrémono, papá. Mamma lo ha dicho: inútile. A este «andante brioso», Pongámole un «allegro»... un «allegro... ma non troppo»[10] *(Se da golpes sobre la mano en el sitio del corazón.)* Entraña dura.

---

9 *Jeroglífico:* escritura egipcia en la que se representan las palabras con figuras o símbolos, por lo tanto, imposible de descifrar si se ignora el código.

10 *Allegro ma non troppo:* Acotación musical que significa: alegre, mas no demasiado.

(Cariñoso.) Papá... la vita es una cosa molesta que te ponen a la espalda cuando nace e hay que seguir sosteniendo aunque te pese.

ALFONSO.—Gracie. *(Con artificiosa cortesía.)*

STEFANO.—Nada. E la caída de este peso cada ve ma tremendo é la muerte. Sémpliche[11]. Lo único que te puede hacer descansar es l'ideale... el pensamiento... pero l'ideale *(Se esfuerza por ser claro. Es posible que sin saberlo se esté burlando.)* es una ilusión e ninguno l'ha alcanzado. Ninguno. *(Don Alfonso lo mira por entre las cejas.)* No hay a la historia, papá, un solo hombre, por más grande que sea, que haya alcanzado l'ideale. Al contrario: cuando más alto va meno ve. Porque, a la fin fine, l'ideale es el castigo di Dio al orguyo humano; mejor dicho: l'ideale es el fracaso del hombre.

ALFONSO.—Entonce, el hombre que lo abusca, este ideale ca no s'encuentra, tiene que dejar todo como está.

STEFANO.—¿Ve cómo entiende, papá?

ALFONSO.—Pe desgracia mía. Ahora me sale co eso: *(Imita groseramente)* «La vita es una ilusione»... ¡No! No es una ilusione. Es una ilusione para lo loco. El hombre puede ser feliche materialmente. Yo era feliche. Nosotro éramo feliche. *(María Rosa asiente con su nariz de gancho y sus manos cruzadas.)* Teníamo todo. No faltaba nada. Tierra, familia e religione. La tierra... Chiquita, nu pañuelito... *(Sonríe, como si la viese.)* Pero que daba l'alegría a la mañana, el trabajo al sole e la pache a la noche. La tierra... la tierra co la viña, la oliva e la pumarola[12] no es una ilusione, no engaña, ¡e lo único que no engaña! E me l'hiciste vender para hacerme correr a todo atrás de la ilusione, atrás del ideale que, ahora no s'alcanza, atrás de la mareposa. M'engañaste.

STEFANO.—Me engañé.

ALFONSO.—E yo sé pe qué me engañaste: de haragane.

STEFANO.—¿Yo?...

ALFONSO.—No te gustaba zapá.[13]

STEFANO.—¡Verdá sacrosanta!

ALFONSO.—¿Ha visto? Ilusione... ¡Capricho! a l'año noventa me dejaste solo con tus hermanos mayore... ¡se hanne muerto lo do, lontano, sin que nosotro lo viéramo!...

M. ROSA.—*(Atacada de un dolor súbito.)* ¡Ah!... ¡Ah!... ¡Ah!...

11 *Sémpliche:* del ital. *sémplice,* simple
12 *Pumarola:* tomate.
13 *Zapá:* del ital. *zappare,* zapar, labrar la tierra

ALFONSO.—... en tierra extraña, desparramado por me culpa... para seguirte atrás de la mariposa...

M. ROSA.—¡Ah!... ¡Ah!...

ALFONSO.—¡Cayáte, tú! ¡Sabe que no me gusta que haga así! *(Burlándose.)* Quería ser músico. ¡Maledetta sia[14] la música! «Papá, hágame estudiar. Yo tengo otra cosa al ánima. Aquí me afogo[15]. Est'ária no é, para mí, papá»... «E beh... se t'afogase, figlio, e tiene otra cosa en capa[16] va, figlio, estudia». Te fuiste a l'escuela.

M. ROSA.—Conservatorio.

ALFONSO.—Al año novanta cinco, a la vacacione, tornaste a casa —adonde yo seguía sudando con tus hermano para mantenerte l'estudio— e m'engañaste otra ve: «Papá... ¡alégrese!... ¡alégrese!... ¡yo voy a ser un gran músico!»...

STEFANO.—*(Que escucha con las manos nerviosas a la espalda, levanta la cabeza.)* ¡Dio potente!...

ALFONSO.—«¿Si, figlio benedetto?»... «¡Sí, papá; un músico chélebre... como Verdi!»[17] *(Stéfano se avergüenza.)* «Ho ganado una medalla d'oro»... Me la mostrate. La tenimo a la mano... Yoramo todo.

STEFANO.—Yo también.

ALFONSO.—E m'engañaste otra ve: «Papá, vamo a ser rico. Voy a escribir una ópera mundiale. Vamo a poder comprar el pópolo[18]. Por cada metro que tenimo vamo a tener una cuadra»... E yo, checato[19] te creí. «E ve... se Dio vuole, e da danaro, escribe lópera, figlio; va»... E te fuiste. ¡Cinco año!... Al novechento me mandaste llamar. «Mamá... papá... véngano. Vengano todo. No puedo vivir sen ustede. Quiero apagarle todo que han hecho por mé. *(Stéfano deja correr sus lágrimas.)* Empieza la fortuna. Vo a ser direttore a un teatro. Estoy escribiendo l'ópera fenomenale. A Bono Saria yueven esterlina[20]. Véngano»... Esta póvera fémmena, que ha creído siempre a la parole, yorraba día e noche «per el hijo prediletto que estaba solo»... M'avelenó. Vendimo la casa, la viña, l'olivaro, los animale, lo puerco... tutto... ¡tutto!... e atravesamo el mar, yeno de peligro... atrás de... de la mariposa que nunca s'alcanza.

14 *Maledetta sía la música:* Maldita sea la música.

15 *Me afogo:* del ital. *affogare,* ahogarse; me ahogo.

16 *En capa:* en la cabeza.

17 *Verdi, Giuseppe:* músico y compositor italiano (1813-1901), célebre por sus óperas: Rigoletto, La traviata, Aída.

18 *Pópolo:* ital. pueblo.

19 *Checato:* lunf. por *chicato,* corto de vista.

20 *Esterlina:* Libras esterlinas, moneda inglesa fuerte.

Cuando yegamo ne había engañado otra ve. Sen decirno nada se había casado con una arjentina... troppo bella para que la vita sea una ilusione.

STEFANO.—L'amaba.

ALFONSO.—¿E nui?[21] ¿E nui?... ¿E la vecquia?...[22] ¡Va! ¡Va! Nu diche parole. Cayáte. Atragátela. Espera tranquilo que te saquemo l'incomodo. No falta mucho... ¡que no sé cómo ne va a enterrá!

M. ROSA.—Póver'a nui[23] Póver'a nui... *(Se acerca al viejo, lo acaricia.)*

STEFANO.—Papá... tiene razón. No puedo contestarle; no debo contestarle.

ALFONSO.—E ¿qué va a contestá?

STEFANO.—Por ejemplo... qu'el dolor del hijo debía saberlo sufrir el padre.

ALFONSO.—¿Más todavía? ¡Amatáme e ya está!

STEFANO.—St... Calma, papá. Acaba de cenar... Sí: yo no tengo atenuante.

ALFONSO.—*(A María Rosa.)* ¿Qué?

M ROSA.—Tenuante.

STEFANO.—Osté sí porque nunca ha creído en mí.

ALFONSO.—¡Nunca!

STEFANO.—En esto sabía má que yo. Conocía la madera.

ALFONSO.—*(A María Rosa.)* ¿Qué matera?

M. ROSA.—Habla de él; habla de él.

ALFONSO.—Siempre ha hablado de él; nunca de nosotro. *(Se burla.)* ¿E para qué?... para terminar sonando el trombone a una banda.

M. ROSA.—Orquestra.

ALFONSO.—Da risa. Da risa e paura[24] e rabia. Carpechoso. Te lo dije al año noventa: «Figlio, para vivir e mejor la zapa que la música».

STEFANO.—*(Serio.)* Sapiencia pura.

ALFONSO.—Se burla...

STEFANO.—Ma no.

ALFONSO.—Está viejo como yo...

STEFANO.—Má viejo.

ALFONSO.—...póvero como una rata; yeno de hijo que tambiene tiéneno que correr, todo rotoso, la... mariposa que no

21 *¿E nui?:* ¿Y nosotros?
22 *¿E la vechquia?:* del ital. *veccio,* viejo. ¿Y la vieja?.
23 *Pover'a nui:* Pobre de nosotros.
24 *Paura:* ital. miedo, temor.

s'alcanza, e sigue dichendo la parole, yeno d'orgulio.

STEFANO.—*(Con seria convicción.)* Sí, saría mejor enseñarle a correr lo chancho.

ALFONSO.—Se burla.

STEFANO.—¡Ma no!.

ALFONSO.—Mientra tanto l'ópera no la a hecho; chélebre no es; las esterlinas no yoviérono[25]... pero diche parole: «El hombre es un facasado»... «La vita es una ilusione»... ¡No! ¡Mentira! ¡Mentira! ¡La vita no es una ilusión, no es una mareposa!... ¡aunque yo sea una óstraga![26] *(Se va a la calle.)*

STEFANO.—Mamma... usté me perdona.

M. ROSA.—*(El mentón agudo como nunca.)* Yo no tengo que perdonarte. Só mi hijo. Te quiero... e ya está

STEFANO.—Pero... usté m'entiende un poco...

M. ROSA.—Creo que sí. No le haga caso al viejo. Despué se le pasa.

STEFANO.—Yia.

M. ROSA.—*(Encaminándose hacia el interior.)* Coma algo. S'está poniendo muy flaco.

STEFANO.—Mamma... *(Los ojos muy abiertos.)* ¿por qué se ha puesto eso botine?

M. ROSA.—Estaba mojado el patio...

STEFANO.—Saqueseló. Queda feo.

M. ROSA.—Uh... de qué te preocúpese ahora. *(Sale por izquierda.)*

STEFANO.—*(En el mutis de María Rosa.)* Como para correr las mariposas. *(Decide trabajar. Dispone los papeles, destapa el tintero, moja el lapicero, deja. Se pone anteojos, enciende un toscano. Escribe.)*

RADAMES.—*(De derecha.)* Tanto jugando a lo bombero. Yo voy adelante de la máquina. Soy el salvador. Saqué de un sesto piso a una vieja. Yo bajaba una escalera alta que se movía al viento y la vieja gritaba a babucha mío, prendida como una araña. *(Stéfano está suspenso; el chico anda sin mirarle.)* Me hizo dar miedo a mi cómo gritaba. Cuando yo había puesto el pie en la escalera alta que se movía al viento se cayó el balcón. La gente abajo aplaudía. Sería mejor que en vez de aplaudir la gente ayudase. *(Mutis por izquierda. Stéfano no se mueve; mira al frente. Vuelve Radamés.)* Mucho mejor que ayudase...

STEFANO.—Radamés...

---

25 *No yoviérono:* No llovieron.
26 *Ostraga:* deformación de ostra.

RADAMES.—*(Se le acerca.)* ¿Usté me puso ese nombre, papá? Está mal. Yo me debía llamar Salvador.

STEFANO.—A su hermano chicos ¿los vio?

RADAMES.— Sí. Están jugando en la puerta de la cigarrería al oficio mudo. Yo estoy a la vuelta.

STEFANO.—*(Lo peina; le levanta la cabeza.)* ¿En qué mundo vive usté, hijo?

RADAMES.—Y... en el suyo. *(Stéfano apoya su frente en la del chico.)* ¿Le duele la cabeza?

STEFANO.—Sí

RADAMES.—Papá, ¿qu'está haciendo?, ¿l'ópera? Eh, papá, ¿qu'está escribiendo? ¿l'opera?

STEFANO.—No, hijo. Estoy instrumentando una cosa ajena. Para el que la ha escrito también es ajena. Sabe qué es instrumentar...

RADAMES.—Si usté no me l'osplica..

STEFANO.—Se l'osplicado. No recuerda. A este papel tiene que ir escrito instrumento por instrumento todo lo que la orquesta toca. ¿Ve? Violine. Segundo violine. Flauta, echétera. Despué se saca cada parte a una a una para que cada músico sepa lo que tiene que tocar.

RADAMES.—Ah, sí. Porque lo músico de l'orquesta no saben lo que tocan.

STEFANO.—Sucede muy a menudo.

RADAMES.—Tienen que leerlo en el papel, si no estarían mudo.

STEFANO.—Lo músico de orquesta, hijo, so casi siempre artistas fracasados que se han hecho obreros.

RADAMES.—Ah, sí. Como a la fábrica. Uno con el martiyo, el otro con el serrucho, el otro con la raspa y todo al mismo tiempo. Esa un baruyo, pero le pagan y dan golpe, raspan y serruchan. Sí. Usté es un gran maestro, papá, yo estoy orgulloso de ser su hijo. Un gran maestro que va a fabricar una gran ópera.

STEFANO.—¿Quién te l'ha dicho?

RADAMES.—Mamá, pero hace mucho. Un gran maestro que está escribiendo la gran ópera. Cuando se dé en el teatro yo voy a estar en el paraíso[27]. Aplaudiendo, aplaudiendo. Yo estoy orguyoso de ser su hijo, el hijo de un gran maestro. *(Se va a la calle. Stéfano está tan abatido que la mesa lo esconde. Entra Margarita. Nada tiene que hacer... pero mueve las sillas, sacude, arregla.)*

---

27 *Paraíso:* Parte superior de los teatros de ópera, ocupada por los espectadores.

MARGARITA.—Ah, ¿estás aquí? ¿Querés comer? La Ñeca está llorando en la cocina porque no cenaste. ¿Qué mirás? ¿Terminaste la partitura? ¿Qué mirás?

STEFANO.—Levantáte esa media. *(Ella se agacha, afligida de verse tan pobre. Monologa él.)* ¡Y yo quería comprarle un castiyo a la Riviera![28]...

MARGARITA.—¿No querés comer, entonces? Todo para hacerme sufrir. *(Mutis izquierda.)*

STEFANO.—*(Busca su sombrero, va a salir, pero un ruido que oye lo lleva a una de las ventanas. Hacia afuera.)* Ah, ¿están ayí? Entren, que es tarde. Vean como están colorado. Han venido corriendo. No van a estar contento hasta que un ómnibus me pise uno. No haga mueca, usté, que lo estoy pispiando[29], mono. Ma mire a éste cómo está arrebatada. Ofelia... Le estoy hablando. Parece un varón... Toda despeinada, potreando siempre. Pst... Atilio, ¿por qué le pega a su hermano? ¡Qué ánima traviata[30] tiene! ¿No sufre, uste, cuando sufre su hermanito? ¿Qué l'he enseñado yo? Limpiáte la ñata, mocoso. Está siempre resfriado. Subite lo pantaloncito... lo tiene a media pierna. Abrigáte el pecho. No, no hace calor. Mire qué flaco está. Parece un títere. El otro, ahora. Comilón. ¿Eh?... ¿Adónde?... ¿Tienen que atravesar la bocacalle?... Bueno, vayan pero vengan en seguida. ¡No corran! *(En la otra ventana.)* Despacio. M'enojo. Aníbal... Usté qu'es el mayorcito, atienda a sus hermanos. Recuerde que yo tengo miedo cuando no los veo. Vayan. ¡Ojo con el perro de al lado! *(Como si los viera alejarse.)* ¡Mire cómo están de pobrecitos!... *(Se acongoja. Reanuda su labor. Escribe, habla, rezonga.)* Adelante con este pasticho.[31] Acá... No... *(Solfea, escribe.)* El fagoto[32]. *(Las notas que el fagote hará mueven su cabeza.)* Con la viola... Tarirarí... Tarirarí... *(Escribe. Los bajos ahora.)* Popó... po po pó... Popó... ¡Oigan cómo ha resuelto este pase esta bestia!... *(Abandona la pluma, sopla, se quita los lentes, se agarra de la mesa.)* ¡Fusilarlo é poco!... Popó... po po pó... *(Se ríe, con las manos en la frente.)* Analfabetos. Bah. Bah. *(Moja la pluma.)* El loco soy yo. El trombone ahora. ¡Strumento magnífico!... *(Canta con la boca cerrada. Escribe.)* Do... do... mi... la... *(Canta.)* ¡l'ánima tú... a!... *(Sigue escribiendo. Ñeca aparece.*

---

28 *La Riviera:* Zona costera del Golfo de Génova, de belleza incomparable y lugar de residencia de personas muy adineradas.

29 *Pispiando:* por *pispeando:* vulgar, espiar.

30 *Anima traviata:* del ital, espíritu extraviado, loco.

31 *Pasticho:* del ital. *pasticchio,* pastel, mezcla burda.

32 *Fagoto:* del ital. *fagotto:* fagot, instrumento de viento.

Se ha peinado y tiene zapatos. Se acerca a Stéfano; tiende la mano para acariciarle pero no se atreve. Brotan sus lágrimas fáciles; apoya una cadera en la silla.) Ñeca... ¿qué tiene?

ÑECA.—Estaba fea la salsa.

STEFANO.—Si no la probé.

ÑECA.—Por eso. No le gustó. Le puse mucha sal. No medí bien... Pobre papá... sin comer. Y yo pongo atención y me esmero para que por lo menos lo contente la comida, pero...

STEFANO.—¿Qué quiere decir este «por lo menos»?

ÑECA.—Yo sé. Pobre pobre papá que está siempre triste.

STEFANO.—*(Pestañeando.)* ¿Qué sabe, tú?... cariño mío.

ÑECA.—Yo sé. No le gusta porque mamá la hace sin ganas. Por eso que en quince días casi no ha comido.

STEFANO.—No es por eso, figlia...

ÑECA.—Sí. Y hoy le pedí a mama que me dejara cocinar y... fue peor. Pero yo voy a aprender, papá y...

STEFANO.—Hija... no tiene que aprender nada; ya sabe todo lo que tiene que saber. Cociná, cociná para mí; tu comida me vendrá del cielo. *(Lloran.)* Ñeca... hijita... oiga; si yo hubiera nacido nada má que para tenerla así... parada al lado de mi siya, yorando por lo que yoro... yo.. estaría bien pago de haber nacido. ¿M'escucha? *(Ñeca afirma, apoyada en el padre.)* ¿M'entiende? *(Ñeca niega.)* No importa. Casi siempre lo que no se comprende hoy es la luz de mañana. Nel tiempo... cuando te acuerde de mí, te verás en esta noche, bajo esta lámpara, apoyada a esta mesita inútil e vas a ser feliz, al meno un minuto, recordándome. Mañana... siempre mañana.

MARGARITA.—*(Se ha peinado, recompuesto. Está serena. Parece otra.)* Déjala. No la atormentes así. No me gusta que la atormentes. Ya sufrirá lo suyo, la infeliz, que para eso es hija mía. *(Stéfano se suena la nariz.)* Andá, Ñeca; buscá a tu amiga y paseá un poco. Vigilá a los chicos. Levantáte el pelito de la frente. Andá, desdichada. *(Mutis Ñeca.)*

STEFANO.—Es angelicale. Es un milagro.

MARGARITA.—Te ha dado la manía de hacerla yorar. En vez de alegrarla. Yora por nada...

STEFANO.—¿Qué belleza mía crece en ese cuerpecito, en esa ánima celeste?... ¿Qué irá de los padres a los hijos?... ¡Uno debería despedazarse para hacerle a cada uno un paraíso de esta tierra infernale!... Y en cambio...

MARGARITA.—*(Sentada a la mesa.)* Y en cambio...

STEFANO.—*(La había olvidado; la mira con una ceja muy alta.)* En cambio... *(Se pone a trabajar; afanoso; su pluma rasga el papel áspero.)*

MARGARITA.—*(Suspira, se inquieta, se pasa la punta de los dedos por la cara. Una vez, dos, tres. Está deseando llorar.)* Pobres de nosotros... pobres.

STEFANO.—*(Al fin.)* No. No crea. El premio viene siempre. Uno nace, empieza a sufrir, se hace grande, a la pelea, y lucha y sufre, y sufre y lucha, y lucha y sufre, pero yega un día que uno... se muere.

MARGARITA.—*(Mimosa; la guía una idea.)* Ah... ha... *(Lloriquea su historia.)* Si viviera Santiaguito... Tan cariñoso... con sus manitas gordas... su cabecita rubia... ¡Pobre Santiaguito!

STEFANO.—Ma... tiene gana... ¿eh?... Hace catorce año que se le ha muerto Santiaguito. Vamo. No remueva el dolor.

MARGARITA.—Qué lindo estaría. Alto. Iba a ser alto, como papá... y... y... *(Stéfano levanta una piedra con que aprieta sus papeles y la deja caer. De pie, temblando.)* ¿Qué?... ¿Qué fue?

STEFANO.—Nada, nada. Se cayó la piedra. *(La recoge.)* Margarita... dejáme trabajar.

MARGARITA.—Vos no lo querías como yo. Sería un orgullo verlo. Tendría dieciséis años... Seguiría la marina... *(Stéfano en un arrebato hace que los papeles vuelen. Margarita, presurosa, muda —hembra dominada por la fuerza—, se pone a recogerlos. Da lástima en su afán por levantarlos. Stéfano la yergue y la besa apretándola a su cara.)* Vos no me querés más.

STEFANO.—*(Ciñéndola.)* No.

MARGARITA.—Si me quisieras...

STEFANO.—¡Yo te he querido má que a todo en el mundo, má que a la música, má que el arte!

MARGARITA.—*(Deja colgar sus brazos.)* Pero, ahora...

STEFANO.— Nunca como ahora. Porque sos la madre de mis hijos y porque te ha quedado sola en mi corazón. ¡Te debo tanto!... Te debo todo lo que te he prometido cuando creía yegar a ser un rey y te ofrecí una corona de oro mientras te apretaba ésta, de espinas, que te yena de sangre. Mire esta mano que yo soñaba cubrire de briyante... *(Se la besa con fervor.)* con olor a alcaucile. ¡Perdonáme, Margarita!... ¡Tú debía haberme engañado como al último hombre devolviendo este engaño tremendo con que te he atado a mi vida oscura e miserable!

MARGARITA.—Algo ha ocurrido. Me vas a dar una mala noticia. Lo sospechaba.

STEFANO.—*(Apretándola.)* Quedáte así... Margherita... hace quince día que he perdido el puesto a la orquesta.

MARGARITA.—*(Desenlazándose.)* ¿El puesto?... ¿El puesto en la orquesta?... ¿Ya no tenés el puesto?... ¿Después de diez años?... *(Se vuelve.)* Te peleaste.

STEFANO.—No.

MARGARITA.—Sí, te peleaste. Te conozco. Peleaste con alguien, y te echaron. Te has enfurecido, con ese orguyo que no podés contener y que nos ha arruinado, y te echaron.

STEFANO.—*(Grita.)* ¡No! ¡Te digo que no! *(Reaccionando.)* Te digo que no. Me hicieron la camorra. Nunca he tenido más paciencia que en este último mes —aunque nunca tampoco he visto e oído tanta indiñitá artística e morale— pero no sé por qué presentía un desmoronamiento e ho agachado el lomo como uno de tantos... como uno de tantos. ¡No!; la camorra, la traición. ¿Sabe quién me ha sacado el puesto? Pastore.

MARGARITA.—¿Tu discípulo?

STEFANO.—Mi discípulo.

MARGARITA.—Pero... ¡Es increíble!... ¡Es increíble!... Te lo debe todo... Te lo debe todo...

STEFANO.—Por eso. Estaba en cuatro pata, yo le puse a la vertical e la última patada me correspondía.

MARGARITA.—¡Qué traidor! Y sigue viniendo y te trae instrumentaciones, trabajo...

STEFANO.—Güeso para que me distraiga. Eso é lo incompresible: venir a gozarse... Parece mentira que un hombre sea por que...

MARGARITA.—¿Cuando lo supiste?

STEFANO.—Hace tres días. Me lo dijo Vaccaro, el corno[33].

MARGARITA.—¿Y te vas a quedar así?

STEFANO.—Muy triste. Este espectáculo de la perversidá humana me yena de tristeza, Margherita.

MARGARITA.—¿No le vas a romper la cara?

STEFANO.—Sí, ahora lo busco. Si a esta altura de la vida voy a empezar a vengarme. Si hubiera tenido que romperle la cara a todos los que me traicionaron... sería Dempsey[34]. Dejálo. Debe sufrir como un perro.

MARGARITA.—*(Sarcástica.)* ¡El!

STEFANO.—Yo soy fuerte todavía, alto, diño... puedo mirar con desprecio.

---

33 *Corno:* Instrumento de viento; por extensión, el músico que lo tañe.

34 *Dempsey Jack:* Boxeador norteamericano, famoso en nuestro país, pues el argentino Luis Angel Firpo, combatió con él en 1923 en una reñida pelea.

MARGARITA.—Vos te vas a morir mordiéndote los puños.

STEFANO.—Creo que sí. Lo tengo descontado.

MARGARITA.—Nosotros somos los fuertes, que cargamos con tu dignidá sin pecado ni gloria. Te has ido acostumbrando a que bien o mal, nosotros soportamos la carga de tu conciencia. ¿A qué nos ha llevado tu altura? Es vergonzoso que un músico como vos, primer premio del conservatorio de Nápoles, despenda de un puestito de mala muerte.

STEFANO.—No se han terminado las orquestras en Buenos Aires.

MARGARITA.—No lo vas a conseguir.

STEFANO.—¿Por qué?

MARGARITA.—Porque vos no conseguís nada; porque vos no has conseguido nunca nada; porque vos, lo único que has hecho es confiar en todos los que te hunden y perdonar a todos menos a los que te quieren; porque sos siempre el último. ¡Con lo que sabés!... Otros son ricos, famosos, con la mitá de lo que sabés. Es tu falta de carácter y modestia mal entendida lo que nos tiene así.

STEFANO.—*(El tampoco lo sabe.)* Ma... ¿soy orgulloso o soy modesto?

MARGARITA.—Tener que vivir aquí... *(Anda desalentada en derredor de la mesa.)* Hundida en la grasa, en esta casucha triste; apretados, amontonados, teniendo que pedir prestado el aire cuando hace calor y robándonos las frazadas cuando hace frío. Con ese pobre hijo viviendo en ese altillo y trabajando como un esclavo, en vez de cultivarse... que él si está lleno de ideas. Lo estás malogrando a tu hijo. A todos nos has malogrado. No me cumpliste nada. Yo no me casé para esto. Ni una página has hecho. ¡En veinte años! ¡Ah, no!... ¡Yo no merecía esto!... No digo brillantes... no me importaban... pero otra vida, otro ambiente, otro destino... otro destino. Con esos pobres chicos, sin culpa, en la calle. *(Va al zaguán; llama.)* Chicos... Aníbal, Atilio, Ofelia... Chicos... *(Vuelve.)* Vivir así. ¡Sí, me engañaste! ¡Me engañaste! *(Llora.)* Y no tenés perdón. ¡Me engañaste!

STEFANO.—E verdá. E la cruda verdad que me punza el cuore. *(Se le ven las palmas de las manos.)* Estoy frente a la realidá. Quiero e no puedo. ¿Por qué? Dío lo sá. Sé tanta música como... Puccini[35], conozco la orquesta... como Strauss[36];

---

35 *Puccini, Giácomo* (1858-1924). Compositor y músico italiano, célebre por sus óperas: La Boheme, Tosca, Madame Butterfly, entre otras.

36 *Strauss, Richard* (1864-1949), músico y compositor alemán, son renombradas sus óperas Salomé, Electra, El caballero de la rosa.

tengo el arte aquí... *(Las yemas de sus dedos.)* y aquí... e no puedo. La fama está en una página, ma... hay que escribirla. ¡Tormento mío! *(Se cubre la cara.)*

ALFONSO.—*(Reaparece queriendo ser grato. Transformado por su cañita. Le pica en los dorsos de las manos anquilosadas.)* Hasta mañana. ¿Qué tiene? ¿Te duéleno la muela? Por eso no come hace tanto día. Hacétela arrancare. ¡Qué gana de sufrir! *(Cordial.)* State buono. *(Sé va por la izquierda.)*

STEFANO.—¿Tiene lista la cama el viejo? ¿Le ha puesto la uva en la mesita para cuando se despierte? *(Ella lo mira a través de sus lágrimas.)* Calmáte, Margherita. Tiene razón... tiene razón... *(La acaricia.)* Ma yo te prometo...

MARGARITA.—Dejáme.

STEFANO.—No. Yo te prometo que... *(Le mete un dedo en un ojo.)*

MARGARITA.—¡Ay!

STEFANO.—Perdón.

MARGARITA.—*(Rabiosa.)* ¡Ay!

STEFANO.—Siempre así. Es un símbolo este. Sólo hago daño a los que quiero. Trae que te soplo...

MARGARITA.—¡Dejáme! ¡Dejáme! *(Mutis a interior.)*

STEFANO.—*(De pie junto a su mesa, las manos en los bolsillos, un hombre muy bajo, está lejos, sonriendo torcidamente a sí mismo. Silencio. La mueca. Despierta mirando un pasaje del trozo musical que tiene a la vista.)* Mire a qué tono pasa este cafre[37]. *(Se pone a corregir.)*

PASTORE.—*(Es pequeño, cabezón, de ojos azules, inexpresivos, muy separados. Viste como Stéfano o de marrón o gris obscuro, de mal corte. Botín de color de caña chillona. Usa el cabello a lo Humberto[38] y el bigote a la americana. Tiene la boca chica y al hablar, con su voz tierna y sin altos, no se le mueve la «embocadura». No sabe llorar; cuando el dolor lo hiere se pone estúpido. No sabe reír; cuando se alegra hace pucheros. Anda cautelosamente, con miedo de pesar y de ser ruidoso, y al sentarse o deternerse está cómodo porque... no se movería. Si alguien se enoja o levanta la voz desea irse. Difícilmente mira a los ojos. Es un tímido y parece un traidor. En una funda de felpa negra o verde bajo trae un trombón y en un rollo papeles de música. Aparece con la mano en el ala de la galera.)* Permiso, maestro. *(Stéfano mira por sobre sus vidrios.)* Yo.

---

37 *Cafre:* bruto, ignorante.

38 *A lo Humberto:* Se refiere a Humberto Primero, segundo rey de Italia (1878-1900).

STEFANO.—*(Iluminándolo con su lámpara.)* Pastore... *(La mueca de dureza. Sonríe.)*
PASTORE.—¿Cómo está, maestro?
STEFANO.—Bien. Muy bien. Entrá nomás. No te esperaba tan pronto.
PASTORE.—Sí... Tenía que venir ante de ayer a traerle esta plata de la partitura pero... me venía mal y...
STEFANO.—Sí. Comprendo. *(Por el sobre que le tiende, ofuscado por la luz.)* Tirá ayí la plata. *(Pastore deja el sobre y se aleja.)* Sentáte. *(Vuelve la lámpara a su sitio. Piensa, sin mirarle. Se decide.)* Disculpá un momento. Voy a terminar esto do compase. No vale la pena... Sentáte. *(Se oye a su pluma nerviosa. Pastore se queda de pie, lejos de los muebles, serio, estúpido, aunque está lleno de pensamientos. Stéfano, solfea, elaborando su ira.)*
PASTORE.—Maestro... He yegado en mal momento...

STEFANO.—No. Al contrario. Ha entrado a tiempo. Poca vece ha entrado tan a tiempo con ese instrumento. Ponélo a la mesa. Dejá todo.
PASTORE.—Puedo volver mañana...
STEFANO.—No. Sentáte. No me haga el cortés. Ya está aquí ahora. Sentáte. *(Pastore se sienta a la cabecera más cercana a la puerta. Escribe Stéfano.)* Fa... fa... fa... fa... *(Sopla.)* Mi... mi... mi... ¡Mi!... ¡Benedetto sia qui mi enseñó la música!... *(Grato.)* ¡Póvero maestro sfortunato... como todo lo que vale! *(Escribe.)* Sí... sí... sí... ¡sí!... *(Arroja la lapicera.)* Basta. *(Aprieta los papeles con una piedra pesada.)* Sentáte. Está bien. *(Sonríe mirándole mientras limpia sus lentes.)* L'amico Pastore. *(Anda por foro detrás de Pastore, inquieto.)* Sentáte. ¿Qué tiene? ¿Hormigas? *(Cierra la puerta de la izquierda.)*
PASTORE.—No, maestro... hace calor.
STEFANO.—*(Mirando a la calle por una persiana.)* Va a yover. ¿No se lo anuncia la hernia?
PASTORE.—No... E tiempo de que haga calor...
STEFANO.—Yiá... por lo general en verano hace calor. Sí, estamo de acuerdo. Acorde perfetto. *(Sopla.)* Estoy yeno de música ajena, de mala música ajena... de spantévole[39] música ajena robada a todo lo que muriérono a la miseria... por buscarse a sí mismo. Yeno. ¡Yeno! ¡Maledetta sía Euterpe y... *(Encarándolo.)* ¿Sabe quién era Euterpe? Perdón... es una pregunta difichile que no merece. Se lo voy a explicar, como le ha explica-

39 *Spantévole:* del ital. *spavantoso:* que causa espanto

do tanta cosa que le han servido más que a mí. Euterpe es la musa de la música. Las musas son nueve... ¿qué digo?: son... eran. ¡Han muerto la nueve despedazada por la canalia! Bah, M'equivoco. Esto no son conocimiento que sirvan para hacer carrerá. Para hacer carrera basta con una buena cabeza que se agache, un buen cogote que calce una linda pechera y tirar... tirar pisoteando al que se ponge entre las patas... ¡aunque sea el propio padre! ¿Eh?... ¿Qué te parece la teoría, Pastore? La teoría e la práttica. *(Arrebata un cuaderno de sobre su mesa.)* ¡Solfeame esto a primer vista! *(Le oculta el título.)* ¡Vamo!

PASTORE.—Maestro...

STEFANO.—Solfear a primera vista é l'añañosia[40] de un ejecutante de orquesta. Usté no puede porque es impermeable al solfeo. Solfea. Sentáte. Solfea.

PASTORE.—Maestro...

STEFANO.—¿Sabe qué es esto? Bach[41]. ¿Quién es Bach e qué representa a la música? No sé. ¿E qué falta me hacer saberlo? Basta que lo sepa usté, maestro, para poder maldecir noche e día contra l'iñoranzia e la vigliaquería[42]. Aquí no se trata de saber, se trata de tener maestro. No se trata de cultivarse con la esperanza de bajar del árbol sin pelo a la rodiya y a lo codo, con un pálpito de amore o una idea de armonía, al contrario, maestro, se trata de aprender en la cueva una nueva yinnástica[43] que facilite el asalto y la posesione, porque en esta manada humana está arriba quien puede estar arriba sin pensar en el dolor de los que ha aplastado. ¿Usté qué sabe? Nada. ¿Sabe que Beethoven[44] agonizó a una cama yena de bichos?... No le interesa. Lo único que le interesa de Beethoven e que cuando se toca alguna sinfonía lo yamen y le paguen. ¿Sabe quién es el papá de la música?... No es el empresario que paga a fin de mes no: e Mozart[45]. ¿Qué era Mozart? ¿Alemán o polaco?

PASTORE.—*(Pestañeando.)* Polaco.

STEFANO.—No.

PASTORE.—Es verdad: alemán.

40 *Añañosia:* lo más fácil.

41 *Bach, Johann Sebastian:* Músico alemán (1685-1750), entre sus obras más conocidas se encuentran los Conciertos de Brandeburgo, y sus Tocatas, Preludios y Fugas para órgano.

42 *Vigliaquería:* del ital. *vigliaccheria, bellaquería*

43 *Yinnástica:* por gimnasia.

44 *Beethoven, Ludwig Van:* Músico alemán (1770-1827). Escribió nueve sinfonías, Sonatas para piano y cuartetos, entre muchísimas otras obras.

45 *Mozart, Wolfgang Amadeus:* Compositor austriaco (1757-1791). Por su Don Juan es considerado el creador del drama musical romántico. A pesar de la cortedad de su vida, compuso más de seiscientos trabajos de gran belleza.

STEFANO.—Tampoco. Austríaco, inocente. No sabe nada de nada. Lo iñora todo ¿Cuál es la capital de Estados Unidos de Nord América?

PASTORE.—Eh... no tanto, maestro, Nueva York.

STEFANO.—Washington, Pastinaca. ¿Qué sabe de la Osa Menor? Sabe que la osa menor e la má chica de las dos que hay en el zoológico, pero de aqueya otra que nos mira e quizá nos quiere... ne una guiñada. *(Pastore parece dormido.)* ¿Sabe que Colón no era gayego? ¿Sí? ¿Quién se lo ha dicho? ¿La Pinta o la Niña?... ¿Aqué no sabe adónde tiene el peroné?... Atrás de la tibia, lo tiene... *(Le pellizca la pantorrilla.)* Este es el peroné.

PASTORE.—¡Ay!

STEFANO.—Ecco: lo único que le duele es la carne.

PASTORE.—Maestro... ¿por qué hace esto conmigo?... No me lo podré olvidar nunca este pasaje[46]. M'está haciendo doler el ánima, maestro. Usté no sabe, usté iñora ¡No! Mi deber es irme. Está bien. Soy un vile.

STEFANO.—¿Qué iñoro?

PASTORE.—El puesto suyo a la orquesta.

STEFANO.—¡Ah, se entendíamo!... No es tan estúpido como parece. ¡Me lo ha robado lo puesto!

PASTORE.—No.

STEFANO.—Se ha juntado con la camorra y me lo ha robado.

PASTORE.—No maestro; no. ¿Cómo explicarle?... Lo he achetado después de saber que no se lo iban a dar má, e de pensarlo día e día, e de pedir parecere e consejo a sus amigo.

STEFANO.—No tengo amigo. ¿E por qué no vino a aconsejarse aquí? Era su obligación de hombre decente.

PASTORE.—Sí... ma, ¿cómo se hace eso?... ¿como s'empieza una conversación de tale especie, con usté, maestro?... Es que usté no sabe qué hay abajo.

STEFANO.—¿Qué va haber?: envidia.

PASTORE.—No, maestro, no.

STEFANO.—No haga el pobrecito, Pastore. No se esfuerce en darme lástima. Te la he perdido, e para siempre. No trate de justificarse. Si a mí, nel íntimo, me complace. No sé qué sabor pruebo de ser combatido, de ser derrotado. Caer me parece triunfar en este ambiente. E como si me vengara del que pisotea: «¡Estoy abajo, me pisa, pero no me comprende. Yo sé quién sos, canalia, e tú no!»... Si no fuera por esto chico míos

---

46 *No podré olvidar nunca este pasaje:* Nueva alusión al mundo musical. Pastore habla de la situación como de determinada parte de una partitura.

me tiraba al suelo para que pasaran todo por encima y poder expirar sonriendo a la vigliaquería humana.

PASTORE.— *(Es un muñeco ridículo, está llorando)* Maestro...

STEFANO.—No ponga esa cara de cretino. Estoy acostumbrado a anidar cuervos.[47] ¿Qué va a haber abajo? Traición, envidia, repudio. Sobro en todas partes yo. Molesto en todas partes. Sé demasiada música yo, para que me quieran los músicos. Incomodo a lo compañero porque se sienten inferiore, e fastidio a lo direttore porque saben que les conozco la audacia e no m'engañan con posturas. Molesto porque soy un espejo que refleja siempre la figura fiel de quien se mira. Yo comprendo; es terrible tener que confesarse: «Yo soy capaz de esta porquería e Fulano no. ¿Cuándo reventará Fulano?» y se explica el codazo y el empujone. Lo que no m'explico es que un pajarraco como tú pueda picotear tan arriba; lo que duele es haberte enseñado un arte. A te. Debí despreciarte aquel día que yegaste a este cuarto con lo clavo de lo botine y esta misma cabeza de cepiyo, pero la lástima... Beh.. Andate, Pastore. Yevate esta otra partitura que me traes para endulzarme la píldora avelenada y este instrumento que ejercítase. Va. E siga atropeyando. Tú terminas tocando la corneta al soterráneo. Andá tranquilo. Ya me ha pagado. No sufra mucho. Tengo un cajón yeno de plata como la tuya. Va.

PASTORE.—No.

STEFANO.—Pastore... salí. Hacía mucho que no tenía de frente a un enemigo. Tengo miedo que pierda la embocadura con que da de comer a tus hijos. Tiene cuatro, ya sé. Tre mujere y un varón. Una e muda y el varón el año pasado se tragó un cobre de do centavo; me lo contaste todo... pero andate. Ponéte esta galera generosa que te hace creer que tiene cabeza. *(Se la pone ruidosamente.)* Va.

PASTORE.—No.

STEFANO.—Pastore... *(Le manosea las solapas.)* Me suben ciertos impulsos...

PASTORE.—Maestro... osté e lo peor que pueda ser un hombre: injusto e ingrato.

STEFANO.—¿Yo? ¡iñorante stúpido! ¡Te he dado el pano de tus hijo... tú me robaste el de los míos e todavía!...

PASTORE.—Puede pegarme... ma el puesto suyo estava vacante. No se lo quieren dar más ne ahora ne nunca, porque usté, maestro, hace mucho que hace la cabra.[48]

47 *Anidar cuervos:* Alude a la sentencia: Cría cuervos y te sacarán los ojos.

48 *Hace la cabra:* Vacila al expulsar el aire por falta de fuerzas, por lo tanto el sonido del trombón sale entrecortado, tembloroso.

92

STEFANO.—¿Yo?

PASTORE.—¡Sí! ¡La cabra! No se le puede sentire tocare. No emboca una e cuando emboca trema[49] *(Imita.)* Bobobobo.

STEFANO.—¿Yo?... *(Está inmóvil, de pie, alto.)*

PASTORE.—Esto é lo que me ahogaba e no quería decirle peer respeto e consideracione, maestro. Sus propios amigo, la flauta, la viola e il contrabaso[50], me aconsejárono que achetase. Igual le daban el puesto a otro que lo necesitara meno que... yeno de obligacione. E no es de ahora la cuestión; ya l'año pasado estuvimo a lo mismo, pero se juntamo vario e le pedimo al direttore que no hiciera esta herida a un músico de su categoría. Yegamo hasta a despedirno de la orquesta... e la cosa s'arregló sin que usté supiera. Ma este año empeoró. El direttore no quiso saber nada aunque le yoramo una hora e pico a su propia casa. Por eso, maestro, en esto último tiempo ho golpeado de puerta en puerta consiguiéndole instrumentacione e copias para que se defendiese sin...

STEFANO.—¿Yo?... ¿La cabra?...

PASTORE.—Eh, maestro, l'orquesta mata. Yo que soy casi nuevo siento que ya no soy el mismo. Ante cuando iba arriba temblábano lo vidrio, ahora tengo que dejar lo pulmone para hacerme oír. Usté, con tantos años...

STEFANO.—*(Tambaleando se acerca al trombón, va desenfundarlo, pero no se atreve.)* Sí... sí. Sé... sí. ¿E ahora?... *(Sufre una crisis.)* Oh... oh...

PASTORE.—¡Maestro!... ¡Maestro!...

STEFANO.—St... Cayáte. Cierra. Cierra esa puerta.

PASTORE.—*(Cierra la puerta de izquierda, y acude a echarle viento con su sombrero.)* Maestro... usté me despedaza l'ánima... Voy a renunciare al puesto.

STEFANO.—¿E ahora?... He visto en un minuto de lucha tremenda, tutta la vita mía. Ha pasado. Ha concluído. Ha concluído y no he empezado.

PASTORE.—Ma no... Exagera. ¿Qué l'importa l'orquesta? E mejor así. Está más tranquilo. Su hijo mayor trabaja ya. Recupere el tiempo perdido. Co lo que usté sabe... Escriba esa ópera que tiene qu'escribir. Todo lo esperamo.

STEFANO.—¿L'opera?... Pastore... tu cariño merece una confesión. Figlio... ya no tengo qué cantar. El canto se ha perdido;

---

49 *Trema:* del ital. *contrabasso*, contrabajo. Instrumento de cuerda. Nuevamente se refiere al músico que tañe el instrumento.

50 *Contrabasso:* del ital. *contrabasso*, contrabajo. Instrumento de cuerda. Nuevamente se refiere al músico que tañe el instrumento.

se lo han yevado. Lo puse a un pan, e me lo he comido. Me he dado en tanto pedazo que ahora que me busco no m'encuentro. No existo. L'última vez que intenté crear —la primavera pasada— trabajé dos semanas sobre un tema que m'enamoraba... Lo tenía acá... *(Corazón.)* Fluía tembloroso... *(Lo entona.)* Tira rará rará... Tira rará rará... Era Shubert[51]... L'Inconclusa. Lo ajeno ha aplastado lo mío.

PASTORE.—Maestro...

STEFANO.—Si, figlio... no me quedaba más que soplar. *(Llora con la cara en la mesa.)*

PASTORE.—No sé... Creo que molesto... Maestro... tengo l'ánima yena de confusione e agradecimiento... Le pido perdón...

STEFANO.—Perdóname tú.

PASTORE.—*(Por el rollo de papeles.)* Dejo eso...

STEFANO.—Gracie, Pastore.

PASTORE.—Nada. Se no ne ayudamo entre nosotro... *(Se aparta.)*

STEFANO.—*(Sonríe.)* Uno se cré un rey... e lo espera la bolsa.

PASTORE.—Molesto... *(Se va.)*

Telón

---

51 *Schubert, Franz Peter:* Compositor austriaco (1797—1828), fue el insuperable creador de los *lied* (canción) de los que compuso más de seiscientos. Es célebre su Sinfonía inconclusa.

EPILOGO

En la misma decoración. A las dos de una noche de invierno. Hace muchas horas que llovizna. La cama-jaula ha desaparecido; en ese rincón, una cuerda tiende ropa blanca, mojada. Poca. Sobre la mesa, un calentador, cafetera, pava, mate, Radamés, en el sofá, envuelto en sábanas y colchas, duerme su mal dormir. Margarita, sentada junto a la mesa, aguarda al hijo. Tiene los ojos muy abiertos y tiembla a pesar de la pañoleta que la abriga. Su nariz se afila; su boca, apretada, es una línea curva. El viento juega en las persianas, detrás de los postigos cerrados.

RADAMES.—*(Soñando)* Bueno. Ya voy. Ya voy. *(Masculla una larga frase. Margarita lo recubre.)* Se ahogan. Dejen pasar. Dejen pasar. *(Se oye una llave en el cerrojo de la calle. Margarita, sonriente, entreabre la puerta del zaguán, alista los enseres del mate y espera.)*
ESTEBÁN.—*(Con gabán y bufanda. Quejoso.)* Pero...
MARGARITA.—Qué temprano venís.
ESTEBAN.—Pero mamá... no quiere comprender...
MARGARITA.—No. ¿Te mojaste mucho?... Sí. *(Le ayuda a quitarse el sobretodo.)* No te enojes. Soy feliz estando sola con vos, de noche... con frío. ¿No entendés que soy feliz? Si no esperara esto todo el día... ¿No se te mojó el saco?
ESTEBAN.—Bueno, pero acuéstese ahora.
MARGARITA.—¿No vas a escribir?
ESTEBAN.—No, si no se acuesta.
MARGARITA.—Te cebo unos mates antes.
ESTEBAN.—Ya tomé.
MARGARITA.—¿Con los muchachos?
ESTEBAN.—Sí.
MARGARITA.—Qué lástima... *(El la atrae a su pecho con ternura severa.)* Hijo. *(Callan, en un viaje largo.).*

ESTEBAN.—¿Papá duerme?

MARGARITA.—No está. *(Para sacarle de la meditación en que se ha sumido.)* ¿Qué hora es?

ESTEBAN.—Las dos y media. *(Piensa en alta voz.)* Está triste la calle. Es un verso. *(Por la araña.)* Encienda. Hace más frío así. *(Margarita enciende.)*

RADAMES.—*(Soñando.)* ¡Uffa! Son muchos. Agarrensé. Agarrensé.

ESTEBAN.—Le molesta la luz.

MARGARITA.—No. Tiene una noche agitada.

RADAMES.—*(Incorporándose desgreñado. Cree seguir soñando. A Esteban, que lo observa.)* ¿Vos también? Te hundís. Agarráte. ¡Agarráte! *(Se cubre. Esteban lo acaricia.)*

MARGARITA.—*(Sin mirarle.)* Te guardé leche. ¿Tomás, con un poco de café?

ESTEBAN.—No. No deseo. *(Se sientan a la mesita.)*

MARGARITA.—En un minuto...

ESTEBAN.—No; no.

MARGARITA.—Bueno, no. Escribí. Escribí. *(Esteban se acoda las manos en la cara. Ella, cautelosa, le acerca la luz.)*

ESTEBAN.—No. Me falta. No está todavía. Un verso que se resiste...

MARGARITA.—Pensá. Pensá. Todo lo que se resiste vale.

ESTEBAN.—¿Cómo lo sabe?

MARGARITA.—*(Sonriendo.)* No sé. ¿Está mal?

ESTEBAN.—Está bien. *(Le molesta el cabello en la frente; ella se lo peina acariciante.)* ¿Dónde estará papá?

MARGARITA.—*(Se alza de hombros y luego.)* Si se queda, tampoco duerme. Se ha acostado tan tarde toda su vida que... Esteban, contame. No me contás nada de lo que te ocurre.

ESTEBAN.—No tengo qué contarle, mamá. No sé... No ocurre nada, mamá... pasa... se aleja...

MARGARITA.—De lo que pensás.

ESTEBAN.—Lo que se piensa no se cuenta, se escribe.

MARGARITA.—*(Porque él mira la habitación.)* ¿Qué es?

ESTEBAN.—Yo he vivido antes esto.

MARGARITA.—¿Qué?

ESTEBAN.—Esta noche. Lejos, en un recuerdo que no es este mío. Una pieza así... con esa puerta cerrada... lloviendo... con esa luz... usted mirándome así... y... *(Sin moverse señala hacia la cama de Radamés: sabe que hablará.)*

RADAMES.—Se van. Se van. Uno detrás de otro. Se van.

ESTEBAN.—Igual. Igual.

MARGARITA.—*(En su visión.)* Como si hubiese vivido otra vida, un pasado que desconozco y que flota de pronto... Ya se despintó.

STEFANO.—*(Afuera como si llamara a la ventana de la otra habitación.)* Margherita.

ESTEBAN.—Papá.

STEFANO.—*(Golpea en foro.)* Margherita. Ohu. M'olvidé la yave. *(Esteban da la suya.)*

MARGARITA.—¡Cómo viene!

STEFANO.—Gherita Yueve. Ohu. *(Margarita le alcanza la llave por entre las persianas.)* Ah. M'olvidé la yave. *(No la ve)* ¡Traiga! *(Se despide.)* Bueno, Pastore... state bueno. Diga, ¿puede ir solo?... *(Ríe)* ¿Quiere que lo acompañe? Como quiera. Eh, ¿por dónde va? Agarre la casita del perro. *(Ríe.)*

ESTEBAN.—*(A Margharita que cierra la ventana.)* Acuéstese.

MARGARITA.—Sí. *(Apaga la luz central, besa al hijo que se va por derecha y mutis. Ella por izquierda.)*

STEFANO.—*(Ha envejecido. Los sufrimientos son años. El sobretodo con las puntas del ruedo muy bajas le cuelga en la percha de sus hombros flacos. Le cuesta cerrar la puerta; acaba cerrándola de un golpe brutal. Al volverse, sonríe sin luz en los ojos, con los pómulos altos, la lengua afuera. No piensa ya en el porvenir y está absurdamente alegre. Canta sin tono su obsesión.)* Buen día, su señoría... Mantantirulirulá[52] *(A Margarita, a quien cree presente.)*

M'olvidé la yave... e no sí adónde. *(Al apoyarse a la mesa abandona la que trae.)* «¿Qué quería su señoría?... Mantantiru...» *(Se le engancha un pie a una pata de la mesa. Intenta desenlazarse calmosamente, pero debe recurrir a la violencia. Voltea un manubrio imaginario.) (Se queda contemplando la lamparilla de su mesita. Le sonríe sarcástico, la amenaza; le pregunta, con las puntas de los dedos apretados en alto)* ¿Qué quiere?... ¿Sigue iluminando al muerto?... *(La odia; va a arrojarle su sombrero... pero le dedica el cantito.)* «¿Qué quería su señoría?... (Obsequioso.)* Mantantirulirulá» Margherita... ¿Está haciendo la víttima? Margheri... *(Al comprobar la ausencia.)* S'esconde. Repuño[53] *(Grita.)* ¡Margherita! ¡Margherita!

---

52 *Mantantirulirulá:* Canción infantil para jugar.

53 *Repuño:* Repugno.

RADAMES.—*(Revolviéndose.)* Bueno, bueno. No griten. Ya estoy aquí. Ya estoy... *(Resopla; parece que nadara.)*
MARGARITA.—*(Frente a la puerta cerrada; enemiga.)* Vas a despertar a los chicos.
STEFANO.—*(Cortés).* M'olvidé la yave e... No: le he pedido cuarenticinco mil cuatrociento noventicuatro vece que me deje encendida esta luz. *(La de la araña.)* ¡Y no! ¡Está esa! Cuarenticuatro mile noveciento... ¿Esta casa es una mazmorra... una mazamor... ¡una mazmorra! *(Margarita enciende.)* ¡Oh, benedetta sía la luche![54] «Mantantirulirulá». Acuéstese, nomás. No me haga la víttima. Duerma *(Ronca)* Ronque. Yo ya no preciso dormir. Vaya. *(En el mutis de ella.)* «Buen día, su señoría...» *(Se le ven los dientes.)* «Mantantirulirulá». *(Una crisis de alegría dolorosa lo convulsiona.)* ¡Ay!... Repuño. Molesto. *(Quiere tapar a Radamés, pero tambalea y le apoya rudamente una mano en la cara.)*
RADAMES.—*(Incorporándose asustado.)* ¡¿Qué?! ¡¿qué?! ¡¿qué?! ¡¿qué?!
STEFANO.—*(Apresurándose en calmarle.)* Nada, nada. Yo, yo. Te quería acariciar y...
RADAMES.—¿Papá?
STEFANO.—Yo.
RADAMES.—Ah, sí. ¿Sabe que pasó?
STEFANO.—No.
RADAMES.—Se partió un buque por la mitá.
STEFANO.—¿Sí?
RADAMES.—La gente se caía al agua como bichos. Se caían, se caían. Alguno flotaban, otro se daban vuelta, y se hundían dejando globito. Cuando el mar estaba yeno, yeno, yo m'embadurné todo el cuerpo de goma... gom... goma y me tiré. La gente se pegó a la goma. Yo me hice grande, grande, con todos pegados. Entonces el mar se secó y yo, caminando, caminando, salvé a todos.
STEFANO.—¡Magnífico!
RADAMES.—Se fueron todos corriendo sin darse vuelta.
STEFANO.—Mejor. No hay que cobrar los favores.
RADAMES.—Yo me senté a pensar. Pensar.
STEFANO.—*(Para que se duerma.)* Siga pensando, entonce. Ese es su mundo; estúdielo. Yo pienso en el mío.
RADAMES.—¿Usté también?
STEFANO.—Sí, yo también. Yo también he hecho una ópera.
RADAMES.—¡Claro que sí!

54 *¡Oh, benedetta sía la luche!:* ¡Oh, bendita sea la luz!

STEFANO.—Una gran ópera.

RADAMES.—Una gran ópera. Yo la oí. La tocaron al teatro.

STEFANO.—¿Se acuerda?

RADAMES.—¡Cláro que sí!

STEFANO.—Si usté la ha oído... yo la he hecho.

RADAMES.—¡Claro que sí!

STEFANO.—Sigamo pensando, entonces.

RADAMES.—Pensemo.

STEFANO.—*(Otra vez el arrebato.)* ¡Ay!

RADAMES.—Está contento.

STEFANO.—Muy contento. ¿Sabe por qué? Porque yo también me he liberado de todo lo dolore ajeno. Ahora pienso para mí solo.

RADAMES.—¿No es tarde, papá?

STEFANO.—Sí... muy tarde.

RADAMES.—Vaya a dormir, entonces. *(Se enrosca.)*

STEFANO.—*(Sonríe.)* Uh... No se apure tanto. Pronto voy a ir. *(Al pasar, y por el centro de mesa, que estará donde convenga.)* Qué gana le tengo a este florero... *(Le sonríe, lo mira de soslayo; se aleja.)* Siempre le tuve gana. Hace doce año que lo veo. Siempre ayí, nel medio, esperando. ¿Qué?... *(Se quita el gabán. Es fatal; romperá el chisme.)* Es mucho. Le he tenido má lástima que a un hijo. «¿Qué quería su sueño?...» *(El centro se hace añicos. Crece su furor.)* Y a esta araña, también... No; aqueya... aqueya. *(Se dirige a la de la izquierda afanoso.)*

MARGARITA.—*(En la puerta.)* ¡Che! ¡Che! ¿Te has vuelto loco?

STEFANO.—*(Con calma preñada de peligro.)* Pst... Todo es mío. Voy a romper todo. Un gusto de patrón que hace con lo suyo lo que quiere. Voy a romper todo lo mío.

MARGARITA.—¡Che! ¡Grito!, ¿eh?

STEFANO.—*(Con el sobretodo no deja cosa sobre la mesita.)* ¡Oh, que piachere![55]

MARGARITA.—¡Viejo! ¡Mamá! *(Mutis izquierda, Radamés ronca.)*

STEFANO.—¡Aire! ¡Aire! *(Una silla hace cabriolas)* ¡Oh!

ÑECA.—*(En chancletas, mal cubierta con un trapo.)* ¡Papá querido! *(Llora aterrada.)*

STEFANO.—*(Se detiene; la mira en el pecho.)* ¿Por qué yora? Esta es una alegría mía. ¿No puedo tener una alegría?

ÑECA.—No, papá... no.

---

55 *¡Oh, qué piachere!:* (it. piacere) ¡Oh, qué placer!

ALFONSO.—*(En camiseta, envuelto en una colcha, un brazo afuera.)* Stéfano... ¿qué tiene?

STEFANO.—¿Adónde estoy?... *(Se inclina.)* Buena noche, Marco Antonio[56]. Estamo a l'antigua Roma.

M. ROSA.—*(La cama la transforma en una bruja.)* ¡Figlio! ¡Figlio!

STEFANO.—Media noche. Falta el bonete e l'ascoba[57]... *(Da unos trancos imitando a las brujas.)* Oigo campanas...

ALFONSO.—¡Debería darte vergüenza!

STEFANO.—Pst... Pst... «Andante». No. «Grandioso». «Andantino»[58] «¿Qué quería, su señoría?... Mantantiru...»

ESTEBAN.—*(Teniéndose levantado el cuello del saco. Margarita le sigue muy agitada.)* ¿Qué hay? ¿Qué hay de nuevo?

STEFANO.—*(Con exagerada fineza.)* Ah... también ha yegado la fría cassata[59]. Estamo todo. No hay nada nuevo, señor. Todo es viejo, pasado, podrido. Nada. Meno no puede haber. *(Margarita solloza, abrazada a Esteban. A éste.)* Tú... que tiene autoritá —aqueya mía— hacela cayar. No me gusta la música. No sé qué me da—. *(Con ademán repentino se descompone la ropa. Satisfecho ahora de no oírla.)* Oh. ¿Ha bajado de su torre la fría cassata? Estaba haciendo versos. Verso de amor, seguro. *(Rasca como si ejecutara en una mandolina[60]. Con los párpados bajos, la piel de la frente estirada, remeda a Pierrot.)[61]* ¡Oh, l'amor!... ¡Oh, la luna pálida nel cielo azul!... *(Rasca. Se burla.)* Oh, oh, oh. ¡Oh, l'amor dueño del mundo!... *(Dirigiéndose a don Alfonso.)* ¡Oh, l'amor del padre que guía e sostiene al hijo que avergüenza e arruina!... *(Rasca aceleradamente.)* Oh, oh *(Ante María Rosa.)* ¡Oh, l'amor de la madre que da el ser, e que yora día e noche... porque el hijo ingrato, desde que nace hasta que muere, solo le da dolore!... *(Rasca.)* Oh, oh. *(Frente a Ñeca, que se cubre los oídos con los brazos.)* Oh, l'amor de la figlia... *(Llora.)* ¡Oh, la figlia cheleste que cocina afanosa... e se arrastra... e s'enflaquece... para que al padre sfortunato se le rompa il cuore! *(La cabeza sobre el pecho, la imaginaria mandolina lejos de sí.)* Oh... *(Reac-*

---

56 Marco Antonio: Famoso general, político y orador romano. Stéfano se refiere al atuendo del padre, similar a la toda romana.

57 *L'ascoba:* La ascoba.

58 *Andante:* movimiento del ritmo musical, correspondiente a «gracioso». *Andantino:* Aire más vivo que el andante y menos que el allegro.

59 *Cassata:* helado.

60 *Mandolina:* Instrumento musical de cuerdas que se hieren con una pluma tan antiguo como el laúd.

61 *Pierrot:* Personaje del teatro francés, cuyo origen se remonta a la Comedia dell'Arte italiana. Representa al hombre humilde, combatido por la fortuna, que ríe en medio de su amargura.

ciona.) Oh, l'amor del primogénito... descanso de anciano... dulce fruto primer o de un grande amor... prima miele del hombre... *(Sarcástico.)* ¡que vive iñorando cómo sufre el padre! *(Rasca violento.)* Oh, ah, *(Ante Margarita.)* ¡Oh, ecco la donna[62] ¡Oh, l'amor de la mujer!... Carne de sacrificio, eternamente engañada; que se da toda sin pedir nada; ser diño de compasión, arrancado del paraíso per brutal mano. Madre hermana e compañera; almohada e caricia, ¡único premio del hombre!... *(Temblando.)* ¡Oh, l'estúpido sensualismo!... ¡Oh, l'estúpido sensualismo!... *(Rasca hasta hacerse daño.)* Oh, oh.

ALFONSO.—¡Ah, qué tremendo dolore para un viejo ver un hijo así.

M. ROSA.—*(Con los puños en las sienes.)* ¡Ah! ¡Ah! ¡Ah!

STEFANO.—St. Habla el padre, yora la madre: respeto, respeto. *(Ríe.)* Su dolor, su dolor. *(Grita.)* ¿Y el mío? *(Ríe.)* El mío no le interesa.

MARGARITA.—*(Rígida, con la nuca en el respaldo de la silla en la que se sienta, chilla su histeria.)* ¡Ih!... ¡Ih!...

ÑECA.—*(Abrazándola.)* ¡Mamita! ¡Mamita!

M. ROSA.—*(Acudiendo.)* ¡Figlia! ¡Figlia adorata!

MARGARITA.—¡Ih!... ¡Ih!...

M. ROSA.—¡Ah! ¡Ah! ¡Ah!

ALFONSO.—*(A María Rosa.)* No haga así, ¡no sea estúpida!

ESTEBAN.—Cállese, madre. *(Enérgico.)* ¡Cállese! ¿Por qué se ponen así? *(Radamés mira asombrado.)*

STEFANO.—Sufren todos por mi culpa. Soy un criminal.

MARGARITA.—*(Incorporándose llena de ira.)* ¡No nos has dado más que disgustos! ¡No nos has dado más que disgustos!

STEFANO.—*(Satisfecho de haber previsto.)* ¿Eh?

RADAMES.—Estoy soñando. *(Se acuesta.)*

MARGARITA.—¡Mamá!

M. ROSA.—¡Figlia! *(Se abrazan las tres y mutis izquierda.)*

MARGARITA.—¡Hija!

ESTEBAN.—Padre... ¿es posible? ¿Usted cree en mi indiferencia?

STEFANO.—Yo creo a l'astronomía.

ESTEBAN.—Padre, ¿por qué agrega a sus tormentos éste de creerse abandonado? ¿Cómo puede creer que su hijo no lo comprende, no lo compadece?

STEFANO.—Gracias, pero sigo creyendo a l'astronomía.

---

62 *¡Oh, ecco la donna!:* Ital. he aquí a la mujer.

ESTEBAN.—Le comprendo, le compadezco y sufro por usted mil torturas.

STEFANO.—*(Busca con sus ojos turbios la mirada del padre.)* ¿Se acuerda?

ESTEBAN.—Siento su vida como en carne propia. Soy su continuación. Usted es mi experiencia, yo su futuro, ya que por ser su hijo sumo dos edades, la suya y la mía.

STEFANO.—*(A don Alfonso, sonriendo torcidamente.)* ¿Se acuerda? *(A Esteban.)* Comprendo: para usted no existo.

ESTEBAN.—Padre... yo no tengo remedio para su pena.

STEFANO.—Ya lo sé. ¿Lo he culpado de algo a usté? No. ¿De qué se defiende? ¿De lo que no hace? ?de lo que no puede hacer? Nadie tiene remedio para el dolor ajeno. El sufrimiento pasa cuando se ha sufrido. Ya lo sé. Yo estoy pasando el mío. ¿Y qué? Todo lo que usté sabe yo lo sé; e además todo lo que no sabe e tiene que aprender e nadie puede enseñarle, ni yo... que no existo. *(Sonríe.)* Usté mire, aprenda, sienta, sueñe... e cante... si puede.

ESTEBAN.—Padre usted no alcanza bien qué penas oculto, qué amores alimento *(Stéfano mira a don Alfonso)*, qué aspiraciones me afanan, qué porvenir construyo. Usted no me conoce, no sabe quién soy; no puede comprenderme.

ALFONSO.—*(Contento por primera vez.)* ¡Ah! ¡Dío te castiga co la mima mano que me pegaste!

STEFANO.—*(A Esteban.)* St... Habla papá. Quiere darme lecciones. No alcanza que yo tengo su edá y la mía. ¿Es así?... No sabe que no existe. No me ha comprendido nunca, e lo desprecio. ¿Es así tu filosofía? Sí. Yo la aprendí cuando tenía veinte año e la olvidé cuando ya no los tenía. Tú, tan tiernito como yo en los días en que echaba al viento esas mismas palabras vaporosas... no sospecha siquiera qué se ha movido aquí... *(Corazón.)* qué se ha muerto aquí... qué canto ha quedado sen cantar.

ESTEBAN.—¡No! Quien traiga un canto lo cantará. Nada ni nadie podrá impedírselo. El amor y el odio por igual lo elevarán. Para un artista no hay pan que le detenga, ni agua que le calme la sed que lo devora, ¡sólo no canta cuando no tiene qué cantar!

STEFANO.—*(Rasca rabiosamente en la mandolina. Con los ojos chiquitos.)* Cuando se te caiga el pelo e te veas la forma de tu cabeza —de tu propia cabeza que no conoce, ciego— te voy a dar la mandolina para que repita este pasaje. *(Don Alfonso parece dormido.)*

ESTEBAN.—La vida es como uno quiere que sea.

STEFANO.—Creo que confunde el olor con el gusto. Ya la va a probar. Cuando pendiente de un moto[63] tuyo te rodeen todos los que te aman e tú hayas puesto en cada uno un amor, sabrás qué dura es la soledá... e cómo en eya más que cantar... morimo.

ESTEBAN.—Papá... *(Angustiado.)*

STEFANO.—Figlio...

ESTEBAN.—Papá...

STEFANO.—Hijo... le queda la esperanza. Nadie podrá quitársela hoy. Todo es luminoso para usté en esta noche oscura en que solo veo su pensamiento. *(Por el padre.)* Un campesino iñorante que pegado a la tierra no ve ni siente; *(Por él mismo.)* un iluso que ve e siente, pero que no tiene alas todavía; *(Por Esteban.)* un poeta que ve, siente e vola, ¿eh? *(Está muy cansado.)* Todo está calculado en el universo mundo para que usté cante su canto, ¿no? Lo he comprendido. Lo que no comprendo es qué voy a hacer con todo este dolor que ahora me sobra. Sí... debe ser que cada uno tiene que cumplir su misión alta o baja e irse... pero hay personas que viven demasiado... *(A don Alfonso, que se ha puesto de pie.)* ¡Lo digo por mí! ¡Lo digo por mí!

ALFONSO.—¡Ah, lo ha dicho! *(En la puerta.)* ¡Lo ha dicho al fine! *(Salen las mujeres.)* Lo ha dicho, María Rosa: le molestamo.

M. ROSA.—¡Ah! ¡Ah!

ALFONSO.—Lo hemo arruinado. Tenimo toda la culpa. Io e tú. No ha podido ser chélebre por nui. ¡A mé e a esta póvera fémmena que le dimo la vita e la sacrificano todo! ¡Ingratitú! ¡Ingratitú! ¡Iammo, María Rosa, iammo![64] No tenimo techo... no tenimo pane... no tenimo hijo! ¡Vamo a pedir la elemósina*[65]!

M. ROSA.—¡Ah! ¡Ah! ¡Ah!

ALFONSO.—La elemósina...

M. ROSA.—¡Ah! ¡Ah! ¡Ah!

ALFONSO.—¡No aga así, que me fastidia! *(Lloran.)*

STEFANO.—*(A Esteban, que lo mira como si los viese por primera vez.)* Cante su canto. Agarre la mandolina e cante su canto. *(Ríe.)*

63 *Moto:* del ital. *motto:* palabra.

64 *Iammo:* Vámonos.

65 *Elemósina:* Limosna.

MARGARITA.—*(Abrazada a María Rosa, que se encamina hacia la calle con don Alfonso.)* ¡No, mamá; no!

ÑECA.—¡No se vaya, abuelito! ¡No se vaya!

ALFONSO.—*(Esperando ansioso que Stéfano los contenga.)* Sí. Sí. Me voy. Ne vamo.

STEFANO.—¿Adónde? *(Los viejos se detienen.)* ¿Adónde van a ir? Si está yoviendo. *(Ríe una risa que lo abate.)*

RADAMES.—*(Con el cuello muy largo.)* Sigo soñando. Es una pesadiya. Comí mucho pan. Son todo bicho y animales. Un burro tiene la cabeza de agüelito, un...

ALFONSO.—*(Alejándose de la puerta.)* ¿Qué?

M. ROSA.—*(Con su tono.)* Mal criado.

MARGARITA.—Cayáte. Dormí. ¿Estás loco? Pedile perdón a tu abuelo.

RADAMES.—¿Perdón?... Entonces estoy despierto. Perdón, agüelito, no era a usté. *(Se acuesta.)*

STEFANO.—*(Sonriendo tiernamente a Ñeca, que se le acerca.)* Acuérdate de aqueya noche...

ALFONSO.—*(Avanzando tembloroso, severo.)* Stéfano.

ALFONSO.—*(Enojado.)* Stéfano.

STEFANO.—¡No! ¡Basta! ¡Basta! ¡Váyanse! ¡Váyanse! *(Se lo llevan hacia izquierda.)*

ALFONSO.—Ingratitú... Ingratitú...

STEFANO.—Por oírlos yorar, no me he oído. Basta. *(Esteban abandona al viejo, que se va con las tres mujeres, y se inclina sobre la mesita. Ha compuesto un verso bello. Lo escribe. Mirándole con asombro.)* Canta. Todo este dolor por un verso. ¿Vale tan poco la vida? *(Esteban se va apresurado. No puede erguir la cabeza; su peso lo turba; cae de bruces, con las rodillas en el suelo. Se hace daño, adentro. No puede sacar un pie enganchado a una pata de la mesa. Sonríe.)* Yo soy una cabra. Me e e... Me e e... Uh... cuánta salsa... Cóomo sube... Una cabra... Qué cosa... M'estoy muriendo... *(Pone la cara en el suelo.)* Me e e... *(Muere.)*

RADAMES.—*(Revolviéndose.)* ¡Uffa! Papá, papá. Apague la luz. Apague la luz. *(Stéfano liberta el pie. Se vuelve de cara al cielo.)*

STEFANO.—Acuérdese de aqueya noche...

TELON

LA NONA

LA EDICION

Sigue la edición de Argentores. Colección Teatral de Argentores.
Bs. As., 1980.

REPARTO

NONA: Ulises Dumont / Juan Carlos de Seta
CHICHO: Luis Brandoni / Rudy Chernicof / Cacho Espíndola
CARMELO: Javier Portales / Carmen Llambi
MARIA: María de Luca
DON FRANCISCO: José María Gutierrez / Omar Delli Quadri
MARTA: Lucila Quiroga / Susana Hidalgo / Marta Degracia

ESCENOGRAFIA: Leandro H. Ragucci
PRODUCCION: Héctor Gómez
DIRECCION: Carlos Gorostiza

Estreno: en el Teatro Lasalle de Buenos Aires el 12 de agosto de 1977.

ACTO PRIMERO

La acción transcurre, fundamentalmente, en una casona anti-
gua, de barrio. A la vista del espectador aparece una espaciosa co-
cina, donde hay una mesa para ocho personas, sillas, un aparador
y una enorme heladera. A la derecha, la pieza de Chicho: una ca-
mita, un ropero y otros datos del típico «bulín»[1] porteño. A la iz-
quierda se insinúa la pieza de la Nona, una cueva por donde este
personaje aparecerá y desaparecerá constantemente.

El espectador tiene que tener la sensación de que, fuera de esos
ambientes, la casa posee otros cuartos, un fondo etc.

Oportunamente, la acción se trasladará a la trastienda del
quiosco de don Francisco.

La obra se inicia un día de semana, aproximadamente a las
ocho de la noche. Están en la cocina: María, que pela arvejas
frente a una enorme olla; Anyula, que ceba mate, y la Nona. Esta
última está sentada en una silla y come pochoclo en forma conti-
nuada. Finalmente, Chicho, en su pieza, está tirado en la cama le-
yendo el diario del día. Anyula le tiende un mate a María.

MARIA.—No quiero más.
ANYULA.—Le voy a llevar a Chicho.
Anyula se dirige a la pieza de Chicho.
MARIA.—Dígale que es el último.
Anyula golpea suavemente la puerta de la pieza de Chicho. Este,
rápidamente, deja el diario y comienza una especie de tarareo, si-
mulando cantar un tango. Anyula entra en puntas de pie, le tiende
el mate y se sienta en la cama. Chicho da dos o tres sorbos.
CHICHO.—Está medio[2] frío, tía.

1 *Bulín:* Lunfardo. Aposento de una casa, habitación.
2 *Está medio frío:* Uso vulgar de *medio* en lugar de «un poco».

ANYULA.—Caliento el agua. ¿Vas a tomar más?

CHICHO.—Eh... estoy componiendo. Y cuando compongo...
Anyula le acaricia la cabeza.

ANYULA.—¿Algo nuevo?

CHICHO.—Hoy empecé otro tango. *(Pierde la mirada y balbucea un tarareo impreciso.)* «De mi pobre corazón...» *(Marca los típicos compases finales del tango.)* ¿Le gusta?

ANYULA.—Mucho. Sacaste el oído de papá. De toda la familia sos el único que salió músico. ¡Y a él que le gustaba tanto! Si pudiera escucharte...

CHICHO.—Me escucha, tía, me escucha... A veces siento aquí... *(Se señala el pecho.)* Es el Nono, desde el cielo, que me dice: «Bien, Chicho, bien».
Anyula queda con la mirada fija y el mate en la mano, emocionada. Chicho la mira de reojo.

CHICHO.—Cébese otro, tía. Pero calentito, ¿eh?

ANYULA.—Sí, querido, sí.
Anyula sale hacia la cocina. Chicho toma el diario. A lo largo de la escena siguiente se irá quedando dormido.
Anyula, en la cocina, toma la pava y la coloca sobre el fuego.

MARIA.—¿Qué? ¿Va a seguir tomando?

ANYULA.—Está componiendo. Un tango muy lindo.

MARIA.—Usted es muy buena, Anyula.

ANYULA.—¿Qué querés? Es mi sobrino preferido. Carmelo es muy bueno, también, muy trabajador. Ya sabés cómo lo quiero. Pero Chicho... ¡qué se yo! Es un artista.

MARIA.—*(Irónica.)* Sé...[3] Un artista.

ANYULA.—Como papá.
La Nona agita la bolsita de pochoclo vacía.

NONA.—Má pochoclo.[4]

MARIA.— ¡Qué pochoclo! Ahora vamos a cenar.
La Nona agita la bolsita vacía cerca de la cara de Anyula.

NONA.—Má pochoclo, nena.

ANYULA.—No quedó más, mamá. *(A María.)* ¿Le voy a comprar?

MARIA.—¡Pero no! No tiene que comer porquerías.

NONA.—*(A María)* ¿No tené salamín?

MARIA.—¡Qué salamín! Espere la cena, le dije.
Sin que nadie lo advierta, la Nona agarra un pan y se lo mete en el bolsillo.

---

3 *Sé:* Por «sí», afirmación.

4 *Má pochoclo:* Más pochoclo. La nona habla en la jerga ítalo-criolla, deformando las voces castellanas de acuerdo con la fonética italiana.

NONA.—¿Un po de formayo?[5]

MARIA.—¡Nada, le he dicho! Aguántese hasta la cena. Vaya a su pieza, vamos. Cuando esté la cena, yo la llamo. *(La toma y la encamina hacia la pieza. En ese momento María descubre el bulto que hace el pan en el bolsillo de la Nona.)* ¿Qué tiene en el bolsillo? *(Le saca el pan.)* ¡Pero qué cosa! *(Introduce a la Nona en la pieza y se vuelve. La Nona sale rezongando.)* No tiene que comprarle todo lo que le pida, Anyula.

Anyula comprueba si el agua está caliente y cambia la yerba del mate. Del interior de la casa sale Marta, una chica de viente años.

MARIA.—¿Todavía no está la cena?

ANYULA.—Falta todavía.

MARIA.—¿Vas a salir?

MARTA.—Estoy de turno.

MARIA.—¿Otra vez? Esta semana ya van tres veces. ¿No es una vez por semana?

MARIA.—Sí... pero esta semana es así. ¿Me prestás tu reloj?

María sale hacia el interior. Anyula termina de cebar un mate y se dirige a la pieza de Chicho. Golpea, espera, y al final entra. Mira cariñosamente a Chicho, que está dormido; le saca el diario de las manos, apaga la luz y sale. Marta se pasea impaciente.

Mientras transcurre esta escena, la Nona sale sigilosamente, roba un pan y vuelve a su habitación.

Anyula, entretanto, ya ha vuelto a la cocina y se pone a trabajar en la cena. María sale del interior con un reloj, que entrega a Marta.

MARIA.—¿No vas a comer nada, entonces?

MARTA.—Como algo cerca de la farmacia.

MARIA.—¡Nena...! Te vas a enfermar.

MARTA.—La farmacia es un trabajo sacrificado. Ya lo sabés.

MARIA.—Sí, pero vos vendés perfume. ¿Por qué te tenés que quedar toda la noche?

MARTA.—¡Ay, mamá...! Querés que te lo explique todo.

De la calle llega el sonido de varios bocinazos.

MARTA.—Ahí está el farmacéutico. Chau. *(Besa a María.)* Chau, tía.

Al salir tropieza en la puerta con Carmelo, su padre, que ingresa desde la calle con un paquete debajo del brazo.

CARMELO.—¿Te vas?

MARTA.—Estoy apurada. Chau, papá.

Besa a Carmelo rápidamente y sale. Carmelo la mira salir y se va hacia María.

5 *¿Un poco de formayo?: ¿Un poco de queso?*

CARMELO.—Estás de turno otra vez. Pobre nena. Lo que es el farmacéutico ese debe ganar bien. Dos por tres cambia de auto. Hoy se vino con un Falcon. *(Tiende el paquete a María.)* Tomá. Todo lo que quedó.
María abre el paquete y saca unas verduras.
MARIA.—No me trajiste perejil.
CARMELO.—Lo vendí todo.
MARIA.—¡Justo hoy que hice guiso!
Carmelo saca un cuadernito del cajón del aparador.
CARMELO.—Un perejil lindo, crespito. Me lo sacaron de la mano.
MARIA.—Y los zapallitos no van a alcanzar.
CARMELO.—¡Tenés como dos kilos ahí! Ayer traje cinco.
MARIA.—*(Con un gesto que significa «no es extraño».)* ¿Y...?

CARMELO.—Si traigo todo lo que me pedís... Para eso cierro el puesto. Le digo al mayorista que me traiga el pedido a casa.
Se hace una pausa.
ANYULA.—Yo casi ni comí zapallitos ayer.
CARMELO.—¡Bah, Anyula...! Si no digo por usted.
ANYULA.—Es que yo soy una carga.
MARIA.—Anyula... hágame un favor. Crúcese hasta lo de Vicente y traiga dos kilos de zapallitos y un poco de perejil.
Le tiende el dinero y Anyula sale.
CARMELO.— ¡Mirá vos...! ¡En mi casa hay que ir a comprarle al chorro[6] ese!
Carmelo anota las ventas del día en el cuadernito.
MARIA.—¿Cómo anduvo?
CARMELO.—Bien... Viste lo que quedó. En ese barrio se vende muy bien *(Pausa.)* ¡Eh... si nosotros podríamos vivir sin problemas!
Carmelo sigue haciendo cuentas mientras María llena la olla con cantidades impresionantes de verdura. Carmelo termina de hacer las cuentas y se queda pensativo, con la cabeza entre las manos.
CARMELO.—¡Qué lo parió![7]
MARIA.—¿Qué pasa?
CARMELO.—¿Qué va a pasar? Que no llegamos a fin de mes. ¡Eso pasa! ¿Vos anotaste todos los gastos?
MARIA.—Falta lo de hoy.
CARMELO.—Y bue... *(Le muestra.)* Y todavía falta lo de hoy. *(Cierra el cuaderno con fastidio y lo guarda en el aparador.)*

6 *Chorro:* vulgar. Ladrón.

7 *¡Qué lo parió!:* Apócope de ¡La p... que lo parió!

No sé... No pagamos alquiler... no nos damos lujos... Yo, ni ropa me compro.

MARIA.—Yo tampoco.

CARMELO.—Esto no puede seguir así. La idea de ahorrar para poner el mercadito, bueno... Mejor que me la olvide. Pero si esto sigue así, voy a tener que vender el puesto de la feria.

Se hace una pausa.

MARIA.—Si tu hermano trabajara...

CARMELO.—¿Otra vez con eso? Eh... Chicho es un artista.

MARIA.—¡Un artista! Pero come y vive a costa tuya.

CARMELO.—Uno de estos días la pega[8] y nos vamos todos para arriba.[9] *(María lo mira significativamente.)* Digo yo... Con eso puede ganar mucha plata.

MARIA.—¿Componiendo tangos? ¿Me queres decir quién gana plata hoy componiendo tangos?

CARMELO.—Según él, los puede vender al Japón.

MARIA.—Por favor, hace veinte años que está componiendo y nunca terminó nada.

CARMELO.—Sé... la verdad que... Pero a Chicho lo podemos aguantar. En lo que más gasta es en yerba. Anyula, pobrecita... La[10] Martita aporta lo suyo.

En ese momento sale la Nona de la pieza y cruza un mirada con Carmelo.

CARMELO.—No... el problema de esta casa es otro.

NONA.—*(Imperativa.)* ¡E cuándo si manya![11]

MARIA.—Le dije que le iba a avisar.

NONA.—*(Se sienta a la mesa.)* La picadita.[12]

María llena un plato con fiambres, aceitunas, queso, etc., y se lo tiende a la Nona, que comienza a comer vorazmente. Simultáneamente, ingresa Anyula con un paquete de zapallitos y un ramo de perejil. Se lo entrega a María.

MARIA.—Gracias, Anyula. Dígale a Chicho que venga a cenar.

Anyula se dirige hacia la pieza de Chicho. Lo observa dormido.

ANYULA.—Chicho... a comer.

Chicho emite un gruñido.

ANYULA.—A comer, querido.

CHICHO.—*(Semidormido.)* Cébese unos mates, tía.

---

8 *La pega:* acierta. Vulgar.

9 *Nos vamos todos para arriba:* Triunfamos, prosperamos

10 *La Martita:* Uso vulgar del artículo antepuesto a los nombres de pila.

11 *¿E cuándo si manya?:* ¿Y cuando se come?.

12 *La picadita:* Comida liviana e informal que precede al almuerzo o la cena. Como la nona lo solicita, suela servirse aceitunas, salamín, queso, papas fritas.

ANYULA.—Está la cena servida. Después te hago los matecitos, ¿eh? Vamos.

NONA.—U pane.[13]

MARIA.—*(A Carmelo.)* Sacá pan del aparador.

Carmelo saca una panera y la coloca sobre la mesa. La Nona, entretanto, echa en el plato de sopa todas las sobras de la «picada».

MARIA.—Vos sentate, Carmelo. Anyula, sírvale la sopa a Carmelo.

En el momento en que Carmelo se sienta, la Nona —sin dejar de comer— golpea con el tenedor el borde del vaso, reclamando vino. Carmelo se levanta y saca una botella del aparador.

CARMELO.—El destapador, María.

María saca un destapador del cajón de la mesada y se lo tiende a Carmelo, mientras la Nona sigue golpeando.

CARMELO.—¡Ya va, Nona! No sea impaciente.

Carmelo comienza a destapar la botella, mientras la Nona sigue golpeando. Anyula coloca un plato de sopa en la mesa, frente al lugar que ocupa Carmelo.

NONA.—¿No hay escabeche?

María busca un frasco de escabeche y se lo tiende a la Nona, que lo vacía en el plato. Carmelo termina de destapar la botella y María sirve los platos de sopa para Anyula y para ella.

CARMELO.—*(Por el tenedor.)* Saque eso, Nona.

Carmelo le sirve vino. Finalmente, todos se sientan a la mesa y se disponen a tomar la sopa.

NONA.—Termené.

Anyula se levanta.

MARIA.—Déjeme a mí.

Anyula y María se dirigen a las hornallas para servir el guiso a la Nona.

MARIA.—Tráigame un plato hondo, Anyula.

Las dos mujeres se ponen a trabajar activamente.

NONA.—Formayo.

Carmelo se levanta, saca un pedazo de queso de la heladera y se lo pone delante a la Nona. La Nona vuelve a reclamar vino. Carmelo le sirve. María coloca frente a la Nona un plato de guiso cubierto hasta los bordes.

NONA.—Formayo.

CARMELO.—¡Y ahí tiene, Nona!

NONA.—*(Enojada.)* ¡Ma no! ¡Formayo de rayar!

13 *U panne:* Pan.

Carmelo toma el queso fresco y se dispone a llevarlo nuevamente a la heladera. La Nona se lo saca de la mano.
NONA.—Ma no, ya que está, decalo.
Se lo come. Anyula se dirige hacia el aparador.
ANYULA.—Creo que hay rallado.
Vuelve con una quesera y la coloca frente a la Nona, que echa en el plato. Al mismo tiempo observa la comida.
NONA.—¿Y el perejil?
María toma el ramo de perejil y lo corta con las manos.
NONA.—¡El perequil, María!
CARMELO.—¡Ya va, Nona!
María echa el perejil en el plato de la Nona. Esta le agrega pan cortado, queso y todo lo que encuentra a mano. Los demás comienza a comer después. Aparece Chicho. Al verlo, Anyula se pone de pie y le deja su lugar. Chicho, que trae el diario bajo el brazo, se sienta a la mesa.
CHICHO.—¿Queda algo?
ANYULA.—Hay guiso calentito.
CHICHO.—Si no hay, no importa.
ANYULA.—Comé el mío. Te llamé, pero estabas dormido. No te quise despertar.
CHICHO.—No dormía, tía. Escuchaba mi música.
MARIA.—(Irónica.) ¡Jmmm!
CHICHO.—Me gusta cerrar los ojos y escuchar mi música.
NONA.—Má guiso.
MARIA.—No hay más.
Chicho le cede una cucharada de guiso a la Nona.
CHICHO.—Tome, Nonita.
CARMELO.—No le des más, que ya comió.
CHICHO.—Un poquito. ¿Cómo le vas a negar un poco de comida a la Nonita? *(Le acaricia la cabeza.)* Nonita... la cabeza blanca como paredón iluminado por la luna. Y esas arrugas que son surcos que traza el arado del tiempo.
ANYULA.—*(Embelesada.)* ¡Qué cosas lindas decís!
CHICHO.—Nonita... ¿Se acuerda cuando me llevaba a pasear a la plaza?
La Nona, que ya terminó con la porción que le dio Chicho, mira fijamente el plato de su nieto.
CHICHO.—Un niño que descubría un mundo agarrado a la pollera de una abuela.
Le agarra la mano en el preciso momento en que la Nona ha tomado un pedazo de pan e intenta mojar en la salsa del plato de Chicho.

113

CHICHO.—Nonita... el niño aquel se hizo hombre y la abuela es un rostro dulce que lo mira desde el marco de una pañoleta negra.

Durante esta última tirada se ha producido un forcejeo de la Nona por tratar de untar el pan en el plato de Chicho. Finalmente, lo logra y come. Busca más pan, pero no hay.

NONA.—U pane.

CARMELO.—¿Qué pan, Nona? Ya comió.

NONA.—¿Galleta marinera no tené?

CARMELO.—¡Qué galleta marinera! ¡Vamos! Váyase a dormir.

NONA.—El postre.

CARMELO.—María, dale dos manzanas. Y que se vaya a la pieza. ¡Vamos!

María saca dos manzanas de la frutera y se las entrega a la Nona, que se las coloca en el bolsillo.

CHICHO.—Dejala un rato más. Es casi el único momento que tengo para estar con ella.

MARIA.—¡Claro...! ¡Cómo usted está tan ocupado...!

CARMELO.—Que se vaya a la cama *(A Chicho.)* Tenemos que hablar. Vamos, Nona.

La Nona se levanta pesadamente. Al pasar, roba una banana que hay sobre la mesa y se dirige a su pieza.

NONA.—A domani[14].

Todos saludan. Se hace un silencio. Chicho come, mientras Carmelo espera que la Nona ingrese a su pieza.

CARMELO.—Usted también puede irse a la cama, tía.

ANYULA.—Tengo que ayudarle a María a lavar los platos.

CARMELO.—Deje. Hoy la ayudo yo. Váyase a dormir.

Se crea una pausa. Anyula mira a María y comprende que debe irse. Chicho advierte también el clima y comienza a ponerse nervioso. Simula interesarse en la lectura del diario.

ANYULA.—Hasta mañana, entonces.

Todos saludan. Anyula sale y se produce una pausa tensa. Carmelo busca la manera de empezar el diálogo. María, que se ha puesto a lavar los platos, está evidentemente, expectante. Chicho comienza a ponerse a la defensiva. Carmelo saca una botella de grapa y se sirve.

CARMELO.—Oíme Chicho... Yo sé que vos sos muy sensible a estas cosas.

Chicho le aprieta la muñeca a Carmelo y hace un gesto de dolor.

14 *A domani:* Esta mañana.

114

CHICHO.—¿Le pasa algo a la Nonita? ¿Está en yantas?[15]
CARMELO.—¿Cómo?
CHICHO.—¿Está chacabuca?[16] *(Carmelo lo mira.)* ¿Enferma?
CARMELO.—¿Quién?
CHICHO.—La Nonita.
CARMELO.—Está mejor que nunca. ¿No la viste?
CHICHO.—Mi Nonita... Si le pasara algo, no podría soportarlo. *(Señala con la mano hacia la puerta de la pieza de la Nona, como los escolares cuando dicen un verso.)* La abuela, en cuyo regazo alguna vez...

CARMELO.—¡Pará! ¡Pará! *(Pausa.)* Oíme, Chicho... Esta casa no puede seguir así.
Cicho lo mira con desconfianza.
CARMELO.—Este mes no llegamos.
CHICHO.—¿Adónde?
CARMELO.—¡Con la guita![17] No llegamos.
Cicho se toma la frente y se queda con la mirada baja.
CARMELO.—Oíme... ya sé que estas cosas te hacen mal, pero tenés que hacerle frente de una vez por todas. Vos sos un artista, lo sé...
Chicho asiente con la cabeza.
CARMELO.—Nunca te hablé de los problemas de la casa.
CHICHO.—Ya no voy a poder componer. ¡No voy a poder componer!
CARMELO.—¡Pero tenés que entenderlo! El puesto de la feria no da para más, ¿entendés? ¡No da para más! *(Señala hacia la pieza de la Nona.)* Me lo está morfando.[18]
MARIA.—Bajá la voz que te puede oír.
CARMELO.—*(Cuchichea.)* ¡Me lo está morfando! ¿Me oís? Es como mantener a diez leones juntos.
CHICHO.—*(Lamentoso.)* Nonita...
CARMELO.—¡Nonita, Nonita, pero nadie hace nada!
CHICHO.—Serví una copita, Carmelo.
Carmelo, de mala gana, le sirve grapa.
CARMELO.—Yo no sé... O esto se soluciona, o... tiene que haber otro ingreso.
CHICHO.—*(Detiene la mano en el momento que lleva la copita a la boca y pone cara de susto.)* ¿Otro ingreso?

15 *¿Está en yantas?:* ¿Está enferma?

16 *¿Está chacabuca?:* Vulgar de Chacabuco/ca: enfermo muy grave; inútil. Sinónimo: *Chacado/da.*

17 *¡Con la guita!:* Vulgar. Dinero.

18 *Morfando:* de *Morfar,* comer. También *manyar.* Vulgar.

CARMELO.—Y claro.

Se hace una pausa prolongada. Chicho bebe un largo trago.

CHICHO.—¿Y vos podrás tener otro trabajo?

CARMELO.—¿Otro trabajo? ¿Pero vos estás loco?

MARIA.—Carmelo se levanta a las cuatro de la mañana y vuelve a las ocho de la noche.

CARMELO.—Pará, María.

CHICHO.—¿Y la Martita?

CARMELO.—Marta trabaja. Algo aporta.

CHICHO.—Entonces, no sé... No se me ocurre nada.

Se hace una pausa. Carmelo y María se miran.

MARIA.—¿El pescadero no te dijo que precisaba un ayudante?

Pausa tensa.

CARMELO.—Sí... Un ayudante.

CHICHO.—Ahora, digo yo... La Nona está muy viejita, ¿no?

CARMELO.—Sí. ¿Y?

CHICHO.—Y bue... ¿Cuánto más puede...? *(Lloroso.)* ¡Dios le dé larga vida! Uno... dos añitos... Pasan volando.

CARMELO.—Cuando cumplió ochenta y ocho, me dijiste lo mismo, y tuve que vender el taxi.

CHICHO.—¡Y bueno! Pasaron doce años. Se la ve avejentada.

CARMELO.—¿Y qué querés? ¿Que ahora tenga que vender el puesto de la feria?

CHICHO.—No, eso no.

CARMELO.—Entonces voy a tener que hablarle al pescadero.

CHICHO.—¡Pará... pará! Estas cosas hay que pensarlas bien. No hay que apurarse. *(Toma el diario y se pone a leer los avisos clasificados.)* Algún laburo[19] tranquilo tiene que haber.

Carmelo mira a María y le hace un gesto de satisfacción.

CHICHO.—¿Ves? Aquí hay uno. *(Lee.)* «Persona adulta se necesita para todo tipo de cobranzas.»

CARMELO.—Bueno... Si lo del pescadero no te gusta y las cobranzas te dejan... Para mí es lo mismo. *(A María.)* ¿No?

CHICHO.—*(Sin dejar de leer.)* No es para mí. Pensaba en la Nona.

CARMELO y MARIA.—¿En la Nona?

CHICHO.—Y claro. ¿No dijiste que el problema de esta casa es la Nona? Y bueno... hay que resolverlo con la Nona.

CARMELO.—¿Pero cómo vas a mandar a la Nona a hacer cobranzas?

CHICHO.—Se las puede rebuscar por el barrio. Le ayudamos a cruzar la avenida y puede agarrar todo el sector comercial.

19 *Laburo:* Vulgar. Trabajo, ocupación.

CARMELO.—¡Pero no, Chicho! Además, se va a hacer un lío con la plata.

CHICHO.—Le anotamos en un papelito...

CARMELO.—¡No va, Chicho!

MARIA.—*(Que ha terminado de lavar los platos, escandalizada.)* Yo me voy a dormir. ¿Vamos, Carmelo?

María sale. Carmelo se pone de pie.

CARMELO.—Y ya sabés, mañana le hablo al pescadero.

CHICHO.—¡Pará un poquito! *(Obliga a Carmelo a sentarse.)* Lo de las cobranzas no va. Está bien. Pero tiene que haber otra cosa.

CARMELO.—Oíme, dejate de líos.

CHICHO.—*(Que sigue recorriendo los avisos.)* ¡Es increíble la falta de oportunidades que hay en este país!

CARMELO.—Pero escuchame, Chicho... ¡tiene cien años! ¿Dónde va a conseguir laburo?

CHICHO.—¿Y por qué no? La gente, cuando no trabaja, se muere. Además, acá se aburre todo el día. ¿Y en lo del pescadero? Según vos, es un trabajo tranquilo.

CARMELO.—Pero tenés que levantarte a las cuatro de la mañana.

CHICHO.—¡Ah, y me lo querés encajar a mi!

CARMELO.—Pero escuchame... Para vos es un laburo ideal. Hacés el turno de la mañana. De cinco a una.

CHICHO.—¡Ocho horas!

CARMELO.—Tenés toda la tarde libre.

CHICHO.—Yo a la tarde no puedo componer, Carmelo.

CARMELO.—Bueno... ¡que sé yo! Por ahí te puedo conseguir el turno de la tarde. *(Se pone de pie.)* Y me voy a dormir.

CHICHO.—¡Pará un cacho! *(Con gesto de descubrimiento.)* ¡Ya está! ¿Pero cómo no se nos ocurrió?

Carmelo lo mira.

CHICHO.—La jubilamos.

CARMELO.—¿A la Nona?

CHICHO.—Y claro. ¿Cómo se llamaba aquel amigo tuyo que era gestor?

CARMELO.—¿Y jubilarla de qué? Si la Nona nunca laburó.

CHICHO.—Qué sé yo... *(Piensa rápidamente.)* Profesora de italiano.

CARMELO.—¡Pero vos estás loco!

CHICHO.—Bueno... eso se piensa. Hablale a tu amigo.

CARMELO.—¡Pero no! Además, la jubilación es una miseria. ¡No, Chicho, no! Y me voy a la cama.

Carmelo se encamina hacia la habitación. Chicho, alterado, va detrás de él.

CHICHO.—Pará... pará... *(Lo toma antes de que llegue a la puerta.)* Tomemos otra copita, ¿eh?
Carmelo, desganado, vuelve hacia la mesa.
CHICHO.—¡Dale, serví!
Carmelo llena las copitas.
CHICHO.—Escuchame... ¿Por qué no la hacemos ver por un médico?
CARMELO.—Desde que tengo uso de razón, jamás vio un médico.
CHICHO.—Qué querés que te diga... Yo no la veo nada bien.
CARMELO.—Si el hambre es salud...
CHICHO.—No te engañés, Carmelo. Está comiendo menos. Hoy al mediodía no almorzó.
CARMELO.—*(Con asombro.)* ¿No almorzó?
CHICHO.—Bueno, casi... Y a la tarde... estábamos solos, le ofrecí café con leche y no quiso.
CARMELO.—¿No quiso? ¿Seguro?
CHICHO.—Como lo oís. Y me dijo que iba a empezar a hacer régimen.
Carmelo hace un gesto y bebe un trago de grapa. En ese momento ingresa la Nona, vestida como cuando se acostó.
NONA.—Bonyiorno.[20]
CARMELO.—¡Nona! ¿qué hace levantada?
NONA.—Vengo a manyare el desachuno.
CARMELO.—¿Qué desayuno?
NONA.—El desachuno. E la matina.[21]
CARMELO.—¿Qué matina? Son las diez de la noche.
NONA.—*(Enojada)* Ma, ¿y la luche?
CARMELO.—*(Mira a Chicho.)* La luche...¿Qué luche?
NONA.—*(Más enojada.)* ¡La luche! ¡Il giorno![22]
CARMELO.—Es la luz eléctrica, Nona. Mire...*(Levanta la cortina que da al patio)* ¿No ve que es de noche?
NONA.—Ma...tengo fame.[23]
CARMELO.—Hace quince minutos que terminó de comer.
NONA.—¿Quince minutos? Con razón. ¿No tené un cacho de mortadela?
CARMELO.—Es hora de dormir, no de comer. ¡Va...! Vamos a la cama.

20 *Bonyiorno:* Buenos días.
21 *E la matina.* Es la mañana.
22 *¡La luche! ¡Il giorno!:* ¡La luz! ¡El día!
23 *Tengo fame:* Tengo hambre.

NONA.—*(Se sienta a la mesa.)* Ma... ya que estamo. El desachuno.

CARMELO.—*(Fastidiado.)* ¡Qué desayuno ni desayuno! ¡Vamos! *(La toma como para levantarla.)*

CHICHO.—Pará, Carmelo... *(Acaricia la cabeza de la Nona.)* Nonita...

La Nona le guiña un ojo a Chicho.

NONA.—Dame un cacho de mortadela.

CHICHO.—Sí, Nonita, sí... Carmelo, hacele un sánguche a la Nona. Y después se va a la cama, ¿eh?

La Nona dice que sí con la cabeza y Carmelo comienza a preparar el sándwiche. Chicho, entretanto, mira fijo a la Nona tratando de descubrir algo.

CHICHO.—Usted, Nonita... ¿Nunca le duele nada? *(Le toca donde supone que está el hígado.)* ¿Aquí? ¿Duele?

La Nona le saca la mano. Chicho, ansioso, insiste.

CHICHI.—¿Duele?

NONA.—*(Ríe).* Me fa cosquiya. *(A Carmelo.)* Bien cargadito, Carmelo.

CHICHO.—¿Y el pulsito? ¿A ver...?

Le toma el pulso y le observa la muñeca.

CHICHO.—¿Y ese sarpullido? No me gusta nada.

En ese momento llega Carmelo con el sándwiche. La Nona se desprende de Chicho y toma el sándwiche ansiosamente.

CARMELO.—Y ahora a la cama. Vamos.

La Nona sale masticando. Ambos la miran salir.

CARMELO.—Así que régimen, ¿eh?

CHICHO.—Yo no la veo nada bien.

CARMELO.—*(Se encamina hacia la pieza).* ¡Dejate de joder!

CHICHO.—Escuchame... hagámosla ver por un médico. No se pierde nada. Además...tiene cien años. Ponele que te diga un año, ¿viste? Para qué te vas a andar haciendo mala sangre con el laburo, ¿no?

CARMELO.—*(Luego de una pausa.)* Está bien. Vamos a ver qué dice el médico.

CHICHO.—Fenómeno, Carmelo.

Carmelo sale. Chicho, alegre, bebe el resto de grapa. Carmelo reaparece.

CARMELO.—*(Le apunta con el índice.)* Pero si, como pienso, no tiene nada, mañana mismo le hablo al pescadero.

Carmelo sale. Las luces se apagan sobre el rostro preocupado de Chicho.

La mañana del día siguiente; Chicho se pasea por la cocina de un lado para otro, nervioso. Anyula, sentada en un costado, reza el rosario.

CHICHO.—*(Para sí.)* Ya deberían estar de vuelta, ¿no? *(Pausa.)* Y... se veía que la Nonita no estaba nada bien. Seguramente tuvieron que dejarla internada. *(Se detiene y observa a Anyula.)* ¿Qué hace, tía?

Anyula no lo escucha.

CHICHO.—¡Tía!, ¿Qué hace?

ANYULA.—Rezo por la salud de mamá.

CHICHO.—¡No haga nada! Pare. Cébese unos mates, mejor.

Anyula se levanta y se pone a preparar el mate.

ANYULA.—Dios quiera que mamá esté bien.

CHICHO.—Y... pero por algo tardan tanto.

ANYULA.—Los hospitales...ya sabés cómo son. En las clínicas privadas te atienden más rápido, pero... Todo es cuestión de suerte, querido. Mirá lo que pasó con tu tío Pancho en una clínica privada. Lo mataron, pobrecito. ¡Lo mataron!

CHICHO.—¿Qué clínica era?

ANYULA.—No sé... Ahí por Constitución.

CHICHO.—*(Para sí.)* Por Constitución... *(Pausa.)* Por ahí tuvieron que dejarla internada. En fin... hizo su vida.

En ese instante ingresa la Nona desde la calle, caminando rápidamente, ante la mirada atónita de Chicho. Detrás llegan María y Carmelo.

NONA.—Bonyiorno... La picadita.

La Nona se sienta frente a la mesa. María sale hacia su pieza. Anyula va detrás de ella.

ANYULA.—María... ¿Qué dijo el médico?

Ambas mujeres salen. Chicho, ansioso, se enfrenta a Carmelo.

CHICHO.—¿Cómo? ¿La trajeron?

CARMELO.—*(Duro)* ¿A quién?

Chicho señala con un cabeceo a la Nona.

CARMELO.—¿Y dónde se iba a quedar?

CHICHO.—En el...

Chicho hace otro cabeceo, como señalando el hospital. Carmelo lo mira sin entender.

CHICHO.—Nona... ¿Por qué no se va a su pieza?

NONA.—Ma no. Estoy bien acá.

CHICHO.—Tiene que descansar un rato. Vaya.

NONA.—La picadita.

CARMELO.—¿Qué picadita? Son las once de la mañana.

Chicho se dirige al armario, saca una bolsa de papas fritas y se las entrega a la Nona.

CHICHO.—Tome. Pero se va a su pieza, ¿eh?

La Nona toma la bolsa y se dirige a su habitación. Chicho espera que la Nona salga.

CHICHO.—Bueno ¿y?

CARMELO.—Está fenómena.[24]

CHICHO.—¿Cómo fenómena?

CARMELO.—¡Fenómena! No tiene nada.

CHICHO.—¿Cómo no va a tener nada?

CARMELO.—Nada. ¿Sabés qué dijo el médico? «Tienen abuela por muchos años.»

CHICHO.—¿Por cuántos?

CARMELO.—¡Qué sé yo, Chicho! Quiso decir que está muy bien.

CHICHO.—¡Pero vos debiste haberle preguntado!

CARMELO.—¿Preguntado qué?

CHICHO.—Por cuántos años. Para eso fuiste, ¿no?

CARMELO.—¿Pero no te digo que está perfecta?

CHICHO.—Bueno... pero vos sabés cómo son los médicos, Carmelo. ¡Unos años...! *(Lo mira y levanta dos dedos.)* ¿Dos años

CARMELO.—Oíme, Chicho. «Muchos años», dijo. ¿Entendés? ¡Muchos años! Así que esta tarde le hablo al pescadero.

CHICHO.—¡Pero, pará! Vamos por partes. ¿La revisaron bien?

CARMELO.—¡Y claro!

CHICHO.—¿A ver? ¿Qué le hicieron?

CARMELO.—De tozo. Revisación completa, hasta un electrocardiograma.

CHICHO.—¿Y?

CARMELO.—Perfecto.

CHICHO.—¿Con esfuerzo también?

Carmelo lo mira.

CHICHO.—Eso que te hacen pedalear para ver si el corazón... *(Hace un gesto como de reventar).*

CARMELO.—No eso no.

CHICHO.—¿No ves? *(Enojado.)* ¡No es serio, Carmelo! Dejame de joder.

CARMELO.—Escuchame, Chicho... Vos querías que la viera un médico, ¿no? Bueno, la vio. Y más de uno. Y está bien, ¿oís? ¡Perfectamente bien! Y me voy a la feria.

Carmelo hace un ademán de ponerse de pie.

---

24 *Fenómena:* vulgar. Muy bien.

CHICHO.—(Ansioso.) ¿Y régimen de comidas?

CARMELO.—Que coma lo que quiera. Que ella misma se va a poner sus propios límites.

CHICHO.—¿Qué límites?

CARMELO.—Eso digo yo. ¡Qué límites!

Carmelo se pasa la mano por la cara. Anyula aparece y comprueba si el agua del mate está caliente. Carga el mate con yerba.

ANYULA.—Qué suerte que mamá esté bien, ¿no?

CHICHO.—¿Y la presión?

CARMELO.—Ocho y trece.

CHICHO.—¡Veintiuno! Es una enormidad.

CARMELO.—No, animal. Ocho de mínima y trece de máxima. Y me voy. *(Nuevo ademán de salir.)*

CHICHO.—Y del sarpullido, ¿Qué dijo?

CARMELO.—¿Qué sarpullido?

CHICHO.—¡Cómo! *(Exagera.)* Tiene todo el brazo tomado.

CARMELO.—Nada.

CHICHO.—¡Escuchame! Eso puede ser lepra.

CARMELO.—¡Pero, por favor, Chicho!

Carmelo se pone de pie.

CHICHO.—Yo creo que habría que hacer una consulta.

CARMELO.—¿Pero para qué?

CHICHO.—Parece que hay una clínica muy buena por Constitución. Yo te voy a averiguar.

CARMELO.—¡Basta, Chicho! Quedamos en que la viera un médico, ¿no? bueno... la vio, y más de uno.

Anyula se acerca y le tiende un mate a Chicho mientras le acaricia la cabeza.

ANYULA.—¡Cómo te preocupa la salud de mamá...!

CHICHO.—¿Le miraron la dentadura?

CARMELO.—Perfecta. Dijo que tiene los dientes como un muchacho de veinte años.

CHICHO.—¡Dios mío!

Aparece María con dos changuitos y varias bolsas de compras.

MARIA.—Vamos, Anyula.

Anyula y María salen hacia la calle ante la mirada de desesperación de Chicho y de resignación de Carmelo.

CHICHO.—Escuchame, Carmelo... en el café hay un pibe que estudia para dentista. Anda en la mala.[25] Por cincuenta lucas[26] le saca todos los dientes.

25 *Anda en la mala.* vulgar. Esta pasando por una mala situacion.

26 *Luca:* Billete de mil pesos. Unit.

Carmelo se pone de pie.

CARMELO.—¿Qué turno preferís? ¿El de la mañana o el de la tarde?

CHICHO.—*(Alarmado)* ¡Pará... pará!

Chicho observa que nadie escuche. Crea una pausa expectante.

CHICHO.—Escuchame... escuchame bien, ¿eh? *(Se acerca como para una confidencia.)* ¿Y si la hacemos... yirar?[27]

CARMELO.—¿Hacerla qué?

CHICHO.—*(Carraspea y hace un gesto cómplice.)* Yirar... Hacer la calle.

Carmelo lo mira.

CHICHO.—A la Nonita...

Carmelo agarra a Chicho por el cuello.

CARMELO.—¿Qué decís?

CHICHO.—¡Pará... soltá!

CARMELO.—Nuestra familia fue siempre decente. Pobre, pero decente.

CHICHO.—¡Pará! *(Logra soltarse.)* No te pongas moralista, Carmelo. Hoy en día nadie vería mal una cosa así.

CARMELO.—¿Pero cómo vamos a hacer yirar a la Nona?

CHICHO.—Escuchame... Puede andar un vagón.[28]

CARMELO.—¿Pero quién va a querer...? *(Señala hacia la pieza de la Nona.)*

CHICHO.—¿Quién va a querer? Está lleno de degenerados, Carmelo. Los tiempos cambiaron. En Suecia andan con los perros ¿Sabías?

Carmelo hace un gesto de sorpresa.

CARMELO.—¿Cómo los perros?

CHICHO.—¡Cómo lo oís! ¡Con los perros! Y bueno... Entre un perro y... *(Señala hacia la pieza de la Nona.)* ¿Por qué no? Y ella se puede divertir.

CARMELO.—¡Pero no, Chicho! ¡Estamos todos locos! ¿Cómo nosotros... de qué manera...?

CHICHO.—¿De qué manera? Como se hacen estas cosas. La parás en el cruce a las tres de la mañana... Escucháme: los que vienen en banda[29] y medio mamados[30] agarran cualquier cosa.

CARMELO.—*(Luego de analizar la posibilidad.)* ¡Pero no, Chicho, terminala! Hoy mismo le hablo al pescadero.

---

27 *Yirar:* Vulgar. Pasearse las prostitutas para conseguir clientes.

28 *Andar un vagón:* Vulgar. Dar muy buenos resultados.

29 *Vienen en banda:* Lunf. *Venir en banda, estar en banda:* Carecer por completo de orientación o destino.

30 *Mamado:* Vulgar. Borracho.

Carmelo sale hacia la calle. Chicho queda con la cabeza entre las manos. Un instante después entra la Nona agitando la bolsita de papas fritas vacía.

NONA.—Papa frita.

Chicho la mira.

NONA.—Papa frita, Chicho.

Chicho la sigue mirando mientras la Nona agita la bolsa vacía. De pronto, va irguiéndose en la misma medida que la cara se le ilumina. Se pone de pie y observa que no haya nadie cerca. Luego se acerca a la Nona y le acaricia la cabeza.

CHICHO.—Nona... Nonita... ¿No quiere que salgamos a dar un paseo?

NONA.—¿Paseyata?

CHICHO.—Eso. Una paseyata, ¿eh?

La Nona niega con la cabeza.

CHICHO.—A tomar un poquito de sol... *(La toma como para levantarla.)* A la placita. ¿eh?

La Nona niega con la cabeza.

CHICHO.—Vamos... le va a hacer bien. Necesita caminar un poco. *(Hace más presión para levantarla.)*

NONA.—¡Me va fangulo![31] Dame papa frita.

CHICHO.—*(La suelta.)* Bueno, Nona, bue... Está bien. *(Se pasea pensativo.)* Me voy solo. Me siento a tomar sol... me compro una bolsa grande de pochoclo... *(La mira de reojo.)*

NONA.—*(Se le ilumina el rostro.)* ¿Pochoclo?

CHICHO.—Una bolsa bien grande. Y me la voy a comer toda.

NONA.—¿Me va a traer pochoclo?

CHICHO.—¡Ah, no...! Ahora... si quiere venir conmigo, la convido.

La Nona se pone de pie.

CHICHO.—Muy bien, Nonita.

Chicho la toma por el hombro y se dirigen hacia la salida.

CHICHO.—Un lindo paseito, ¿eh?

NONA.—*(Se detiene.)* ¿Y el pochoclo?

CHICHO.—El pochoclo, claro.

NONA.—¿Una bolsa bien grande?

CHICHO.—Grande. Bien grande.

NONA.—Y quiero lupines, también.

CHICHO.—No existen más los lupines, Nona.

NONA.—¡Quiero lupines!

CHICHO.—Está bien. Vamos a ver si conseguimos.

31 *Ma va fangulo:* Expresión de desdén airado.

Chicho arrastra a la Nona hacia la calle. Apagón. Se ilumina la cocina. En escena están Carmelo, que se pasea nerviosamente de un lado para otro; Anyula reza el rosario sentada en un rincón; Chicho está acodado en la mesa, con la cabeza entre las manos. Un instante después ingresa María desde la calle. Todos, menos Chicho, la miran expectantes.

MARIA.—En el barrio nadie sabe nada.

CHICHO.—*(Lloroso.)* Mi Nonita...

CARMELO.—¡Vos también, Chicho!

CHICHO.—Y fue por darle el gusto. Me dijo: «Chicho, sacame a pasear; nunca salgo; todo el día metida aquí adentro.»

MARIA.—Raro... Hace años que no dice de salir.

CARMELO.—¿Te dijo que quería salir?

CHICHO.—¡Creéme, Carmelo! «Quiero caminar un poco.» ¿Y qué cosa más linda que salir a caminar con la Nona?

CARMELO.—Está bien. La llevaste a la plaza... ¿Y?

CHICHO.—Y bueno... Al rato me dijo que se aburría. «¡Siempre esta plaza!, ¡Siempre esta plaza...! ¡Salgamos un poco del barrio!»

CARMELO.—¿Y?

CHICHO.—Y bueno... empezamos a caminar.

CARMELO.—¿Para dónde?

CHICHO.—*(Señala imprecisamente.)* Para allá.

CARMELO.—Para allá, ¿Dónde?

CHICHO.—Por la avenida... Todo derecho.

CARMELO.—¿Y?

CHICHO.—Y bueno... Charlando, charlando... llegamos al Italpark.

CARMELO.—¿Al Italpark? ¡Pero son como doscientas cuadras!

CHICHO.—Es que la conversación venía interesante. ¡Pero no caminamos todo el tiempo! Quiso tomar un colectivo... después otro... Y cuando vio el Italpark... «Chicho —me dijo—, quiero dar una vuelta en la montaña rusa».

CARMELO.—¿La montaña rusa? ¿Y qué sabe la Nona de...?

MARIA.—Se pudo haber muerto de un susto.

CHICHO.—¡No, María...! Le hice dar tres vueltas y se divertía.

CARMELO.—Sos un inconsciente, Chicho. *(Breve pausa.)* ¿Y después?

CHICHO.—¡Después se le ocurrió comer pochoclo...! ¡Y ahí fue el error! Le dije: «No se mueva de aquí que le voy a comprar». Cuando volví... *(Llora.)* Seguro que se perdió para siempre.

CARMELO.—*(Luego de una pausa.)* Va a haber que avisar a la policía.

CHICHO.—Esperemos unos días.

Carmelo se pone el saco y se dispone a salir en el momento en que desde la calle ingresa la Nona con un globo rojo en una mano y una «manzanita» a medio comer en la otra.

NONA.—¡Bonasera!³²

Apagón rápido.

Las luces iluminan la cocina vacía. Un instante después ingresa desde la calle Carmelo, evidentemente alterado.

CARMELO.—¡Chicho!

Se dirige a la habitación de Chicho. Abre la puerta y comprueba que está vacía. Vuelve a la cocina.

CARMELO.—¡Chicho!

Aparece María desde el interior de la casa.

CARMELO.—¿Dónde está Chicho?

MARIA.—Salió. ¿No fue a la feria?

CARMELO.—¿Cuánto hace que salió?

MARIA.—Más de una hora. Yo creí que iba a la feria.

CARMELO.—Le dije que el pescadero lo esperaba hasta las diez. Ah, pero me quedo aquí a esperarlo y me lo llevo a patadas a la feria. Conmigo no va a joder.

Abre el armario, saca la botella de grapa y una copita, y bebe. Del interior aparece Marta vestida para salir.

MARTA.—Hola, papá. ¿Qué hacés a esta hora?

María le hace un gesto y Marta advierte el estado de ánimo de su padre.

MARTA.—Bueno, me voy.

MARIA.—Supongo que hoy no estarás de turno otra vez.

MARTA.—Y... sí. Pero hasta las dos o tres de la mañana, nada más. Como anoche.

MARIA.—¡Ay, nena! Ese trabajo tuyo cada vez lo entiendo menos.

MARTA.—¡Ya te expliqué! Los turnos son rotativos. Chau.

Marta sale. Se hace una pausa.

MARIA.—¿Qué quiere decir eso de turnos rotativos?

CARMELO.—*(Que no ha escuchado nada de lo que habló.)* ¡Conmigo no va a joder! *(Mira la hora.)* Encima me estoy perdiendo la mejor hora de venta.

MARIA.—Todas las noches hasta las tres, cuatro de la mañana... Yo no sé...

En ese momento ingresa Chicho, alegre y alzando los brazos con un gesto de victoria.

---

32 *¡Bonassera!:* Buenas tardes, buenas noches.

CHICHO.—¡Todo arreglado! ¡Todo arreglado!

CARMELO.—¡Oíme, atorrante...!

CHICHO.—¿Qué te pasa?

CARMELO.—¿Cómo qué me pasa? ¿No tenías que estar a las diez en la feria?

MARIA.—Calmate, Carmelo.

CHICHO.—¿Pero no te digo que está todo arreglado? Carmelo... ¡Todo arreglado! La solución para todos. Serví una copita.

Carmelo le sirve y lo mira expectante, al igual que María. Chicho bebe.

CHICHO.—*(Triunfal.)* ¡La casamos!

CARMELO.—¿A quién?

CHICHO.—A la nona. ¿A quién va a ser? ¡Cómo no se nos ocurrió antes!

CARMELO.—¿Pero vos estás mamado?

CHICHO.—¿Por qué? Ya tengo el candidato y todo.

Ambos lo miran. Pausa.

CHICHO.—Don Francisco, el del quiosco.

MARIA.—Es muy joven para ella.

CHICHO.—Tiene como ochenta años.

MARIA.—El hombre tiene que ser mayor.

CHICHO.—Pero. ¿Y qué quieren? ¿Qué consiga uno de ciento cuatro?

Se hace una pausa. Carmelo se sirve y bebe, mientras piensa en el proyecto.

CARMELO.—¿Hablaste con él?

CHICHO.—Por supuesto. Vengo de eso.

CARMELO.—¿Y?

CHICHO.—Está de acuerdo.

MARIA.—¿Se quiere casar con la Nona?

CARMELO.—*(A María.)* ¡Pará! *(A Chicho.)* ¿Qué le dijiste?

CHICHO.—Bueno... que precisaba una mujer. Me dijo que sí, que se sentía solo. Y yo le dije que tenía una candidata. De la familia.

CARMELO.—La Nona.

CHICHO.—Bueno... prácticamente se lo di a entender.

Carmelo lo mira significativamente.

CHICHO.—Carmelo, estas cosas se hablan así. Esta noche tenemos que concretar.

Carmelo se queda pensativo.

CHICHO.—*(Tímidamente.)* Yo creo que es la solución ideal.

CARMELO.—No sé... Don Francisco es una buena persona; tiene plata. Bah, eso se dice. *(Bebe un trago.)* Está bien. Hablá con él. Pero es tu última oportunidad. Si fallás, a la feria. ¡Y doble turno!

CHICHO.—Otra ventaja que vamos a tener son los fasos[33] gratis.

CARMELO.—Eso no me interesa. A mí, con tal de que le de dé morfar a la Nona me basta.

CHICHO.—Bueno, pero tampoco se las va a llevar todas de arriba.[34].

CARMELO.—¡Oíme, Chicho!, no me vengas con tus teorías raras. La cosa es casar a la Nona, nada más. Con el Francisco.

CHICHO.—Y sí... con el Francisco.

MARIA.—Pobre Anyula.

CHICHO.—¿Qué pasa con Anyula?

MARIA.—Anyula lo quiso siempre al Francisco. Y en una época parecía que él... Bueno...

CARMELO.—Esa es otra historia.

MARIA.—Digo, nomás. Parece ser que la Nona se opuso.

CARMELO.—Bueno, hay que ver...

MARIA.—¡Eso es cierto! Anyula me lo contó una vez. Aparte, la Nona hizo siempre lo posible para que Anyula no se case. Desde chica le corrió los candidatos.

CARMELO.—Esa historia a nosotros no nos interesa. Es cuestión del Francisco; él elige, y elige a la Nona. Esto queda entre nosotros, ¿estamos? Hay que engancharlo al Francisco.

CHICHO.—Vos dejalo por mi cuenta.

CARMELO.—Pero oíme... ¡Eso sí! Yo quiero la cosa legal, ¿eh?

CHICHO.—*(Ofendido.)* No tenés que decírmelo, Carmelo. Se trata de la Nonita.

CARMELO.—Con libreta y con todo. Y vamos a hacer una gran fiesta.

CHICHO.—*(Lagrimeando.)* Se nos casa la Nona. Se nos casa la Nonita.

Apagón. Se enciende la trastienda del quiosco de don Francisco, un ambiente donde hay una cama, una mesa y dos sillas, rodeadas por cajas de mercadería. Golpean, y Francisco sale a abrir. Un momento después ingresa Chicho.

CHICHO.—¿Ya cerró?

FRANCISCO.—Eh... a esta hora... para vender dos paquetes de cigarrillos...

33 *Fasos:* Lunf. cigarro, cigarrillo.

34 *Llevar todas de arriba.* Vulgar Lograr algo sin esfuerzo o sin pagar por ello.

CHICHO.—Pero las cosas van bien, ¿eh?

FRANCISCO.—Eh... apenas para comer. Siéntese.

Francisco se sienta frente a Chicho.

FRANCISCO.—Estuve pensando lo que me dijo... La verdad es que estoy muy solo.

CHICHO.—En mi familia va a encontrar un hogar, don Francisco.

FRANCISCO.—Además... bueno, para qué lo voy a negar. Ella me gusta mucho. Se entiende, ¿no?

CHICHO.—Bueno, más o menos. Pero en gustos, don Francisco...

FRANCISCO.—No le voy a decir que yo le gusto, pero... *(Lo mira.)* Supongo que habrá que ablandarla[35] un poco.

CHICHO.—No, ya está decidida.

FRANCISCO.—Sí, pero la diferencia de edad...

CHICHO.—¡Vamos! No se va a fijar en eso. Lo importante es el compañerismo.

FRANCISCO.—No crea, que yo todavía... *(Se golpea el pecho y ríe.)*

CHICHO.—Sí, pero ella...

FRANCISCO.—Ella es un manjar. *(Chicho hace un gesto.)* ¡Vamos! Está bien que es parienta suya, pero tiene que entenderlo. Usted es hombre, también. Pero no crea... la diferencia de edad me preocupa. La verdad es que yo necesito una mujer de mi edad.

CHICHO.—Bueno... de edad... de la de ella... Añitos más, añitos menos, ¿eh? Además, la mujer madura tiene más experiencia... Es un poco mujer y un poco madre. ¡Bue! Ya está decidido. Habrá que fijar la fecha y... Eso sí, precisaríamos algún adelanto, ¿me entiende?

FRANCISCO.—Un momento... Las cosas hay que hacerlas bien. Antes quiero hablar con la madre.

CHICHO.—Con la hija, dice usted.

FRANCISCO.—Con doña María.

CHICHO.—La nieta.

FRANCISCO.—No hagamos líos. Yo quiero hablar con doña María y don Carmelo. Lo que diga la chica no me importa. Lo que importa es lo que dicen los padres. Así se usaba en mi pueblo.

CHICHO.—Ah... usted dice... Claro. Usted quiere pedir la mano de Martita.

---

35 *Ablandarla:* Vulgar Persuadirla, torcer la voluntad a su favor.

FRANCISCO.—¡Eh! ¿Y de quién estuvimos hablando todo este tiempo? ¿De su abuela?

CHICHO.—No, claro, claro... *(Hace tiempo mientras piensa.)* Sí, eso de la diferencia de edad es grave. Yo no lo había pensado. Martita tiene veinte años... No le gusta el trabajo... Bah, lógico. Quiere divertirse.

FRANCISCO.—Conmigo va a marchar derecho.

CHICHO.—Usted dice, pero después... Una chica así le va a hacer la vida imposible. No, don Francisco... tiene razón. Lo que usted precisa es una mujer mayor, que lo ayude en el quiosco, callada... Que lo escuche cuando usted habla...

FRANCISCO.—¿Anyula?

CHICHO.—Bueno... Anyula es un poco chiquilina. Lo ideal sería más madura.

FRANCISCO.—¿Sabe que Anyula me gustaba cuando éramos jóvenes?

CHICHO.—No, pero ahora está insoportable.

FRANCISCO.—La madre... Esa tuvo la culpa. Discúlpeme... es su abuela, pero ésa nos arruinó.

CHICHO.—Celos.

FRANCISCO.—¿Cómo?

CHICHO.—Fueron celos. Ella estaba enamorada de usted.

FRANCISCO.—¿La Nona?

CHICHO.—*(Asiente, ceremonioso.)* Me lo dijo a mí.

FRANCISCO.—*(Lanza una carcajada.)* ¡Mire usted! La vieja...

CHICHO.—Y todavía lo está.

Francisco lo mira.

CHICHO.—Es el drama de nuestra familia. Francisco... Francisco... se la oye por las noches.

FRANCISCO.—*(Hace los cuernos.)* ¡Cruz diablo![36]

CHICHO.—Es una historia de amor, don Francisco. *(Le toma las manos y le habla lastimeramente.)* Cásese con ella.

FRANCISCO.—¿Con la vieja? ¡Ma vos estás loco! Yo quiero a la chica.

CHICHO.—Escúcheme... la Nona está muy enferma.

FRANCISCO.—Es el veneno que tragó.

CHICHO —Los médicos han dicho: «Un mes, cuando mucho». Ha sufrido, don Francisco. Ha hecho sufrir, pero ha sufrido, como el ave Fénix.[37] ¡Démosle un poco de felicidad en sus últimos días!

---

36 *¡Cruz diablo!:* Expresión popular usada para conjurar al diablo, por extensión a la mala suerte.

37 *Ave Fénix:* Ave fabulosa de los egipcios que vivía 560 años y que a la hora de morir construía un nido en el que se incineraba. De sus huesos surgía luego un gusano que engendraba un nuevo fénix. Por lo tanto es

FRANCISCO.—¡Ma vos estás loco! Es como ir un mes a la cárcel. ¿Por qué lo voy a hacer? ¿Qué gano con eso?

CHICHO.—¿Qué gana? *(Hace tiempo mientras piensa)* ¿Qué gana...? Está bien, se lo voy a decir.

Francisco lo mira expectante.

CHICHO.—La herencia.

FRANCISCO.—*(Se le ilumina el rostro.)* ¿Herencia?

CHICHO.—*(Asiente en silencio.)* media Catanzaro[38] es de ella.

FRANCISCO.—¿De la Nona?

Chicho asiente.

FRANCISCO.—¿Media Catanzaro?

CHICHO.—Bueno... Catanzaro es chica, ¿vio? Pero es una fortuna.

FRANCISCO.—*(Algo desconfiado.)* Nunca se dijo.

CHICHO.—Ella lo ocultó siempre.

FRANCISCO.—¿Por qué?

CHICHO.—Bueno... como la plata no se podía traer...

FRANCISCO.—¿Y por qué?

CHICHO.—Hay una ley. Ella tenía que ir a cobrarla allá.

FRANCISCO.—¿Y por qué no fue?

CHICHO.—¿Por qué? *(Pausa.)* La guerra.

FRANCISCO.—¿Qué guerra?

CHICHO.—¿Cómo qué guerra? ¿Le parece que no hubo guerra?

FRANCISCO.—Hace treinta años que se acabó la guerra.

CHICHO.—Bueno... Pero nunca hay paz entre los hombres, don Francisco.

Francisco hace un gesto para hablar.

CHICHO.—Pero no se preocupe. En cuanto ella se muera...

FRANCISCO.—Cobran la plata.

CHICHO.—Al día siguiente. Está todo arreglado. La cosa se hace de ejército a ejército. Garantía absoluta. Piénselo, don Francisco; es un mes, y después... lo que usted quiera. A Martita la va a tener que echar de la pieza. Bue...

Chicho hace un ademán de salir.

FRANCISCO.—Pare... No se vaya. Ahora, digo yo... *(Astuto.)* Si yo me caso... ustedes pierden la herencia. No le conviene.

CHICHO.—*(Algo desconcertado.)* Eh, don Francisco... don Francisco... *(Lo palmea mientras piensa.)* Usted quiere que le cuente todo hoy.

FRANCISCO.—Explíqueme.

símbolo de la resurrección y la eternidad. Chicho cita al ave fénix impropiamente, pero seguramente pues asocia sus interminables muertes con el dolor que estas provocarían.

38 *Catanzaro:* Provincia de Italia meridional.

CHICHO.—Bueno, si la Nona se muriera... *(Lloroso.)* ¡Dios no lo permita, mi Nonita!

FRANCISCO.—¿Pero no me dijo que tiene para un mes?

CHICHO.—Si se muriera hoy, quiero decir. ¿A manos de quién iría a parar la herencia?

FRANCISCO.—De ustedes.

CHICHO.—*(Niega con la cabeza.)* De Anyula. Es la hija.

FRANCISCO.—Y bueno...

CHICHO.—Y Anyula... ¿Hace mucho que no la ve?

FRANCISCO.—Años... Al quiosco no viene nunca.

CHICHO.—¡Eh, Anyula...! Se patina[39] la herencia en dos meses. Copas, farras...[40] *(Gesto de fumar.)* ¡Yerba![41] ¡Terrible!

FRANCISCO.—¿Anyula? Pero antes..

CHICHO.—¡Antes! Cuando fracasó lo de ustedes, quedó muy mal y...

Francisco hace un gesto de consternación.

CHICHO.—Usted ha hecho estragos en nuestra familia, don Francisco. En cambio, sabemos que cuando usted cobre la herencia, bueno... No se va a olvidar de nosotros.

FRANCISCO.—*(No muy convencido.)* Supongo que no.

CHICHO.—Bueno... Entonces ya está decidido.

FRANCISCO.—Está bien.

CHICHO.—Eso sí, va a tener que ser cuanto antes.

FRANCISCO.—Cuando ustedes digan.

CHICHO.—Entre paréntesis... Va a hacer falta algo de plata. Hay unos gastos administrativos.

FRANCISCO.—Después del casamiento.

CHICHO.—*(Resignado.)* Bue... *(Toma un cartón de cigarrillos que hay sobre un estante.)* Huy... justo los que fumo yo.

FRANCISCO.—*(Le saca el cartón.)* Después de la herencia.

Chicho inicia el mutis.

FRANCISCO.—¿Un mes me dijo?

Chicho lo mira sin entender.

FRANCISCO.—La Nona...

CHICHO.—¡Ah, sí! Y por ahí es cuestión de días.

FRANCISCO.—Entonces conviene hacerlo rápido. Si está tan mal...

CHICHO.—*(Lastimero.)* Si ya casi no come, don Francisco.

Apagón rápido. Se ilumina la cocina. Carmelo llega desde el fondo al mismo tiempo que la Nona ingresa desde su habitación.

39 *Se patina* : Vulgar: Gasta, dilapida.

40 *Farras:* Vulgar: Fiestas.

41 *Yerba:* Droga que se consume en forma de cigarrillo, marihuana.

NONA.—¿Si manya ya?

Nadie le contesta. Carmelo abre la heladera y saca una gran fuente cubierta por una servilleta. La Nona roba un pan y es sorprendida por Carmelo, que se lo saca de la mano y lo devuelve a la panera.

CARMELO.—¡Largue, Nona! Ya va a comer el asado.

NONA.—Ma... de acá a la hora de mayare. No está fato el fuoco ancora.[42]

CARMELO.—El fuego ya está. Dentro de un rato comemos.

Ingresa María trayendo una mantilla y un par de zapatos.

CARMELO.—*(A María.)* Andá preparándola.

Carmelo sale hacia el fondo.

MARIA.—Venga, Nona. Tiene que ponerse linda.

La Nona niega con la cabeza.

NONA.—Pochoclo.

MARIA.—No hay pochoclo. ¡Vamos!

La Nona niega con la cabeza.

NONA.—Papa frita.

MARIA.—Tampoco. Ahora vamos a comer.

NONA.—Dulce de leche.

María suspira con un gesto de cansancio. Abre la heladera y se fija.

MARIA.—No hay dulce de leche. *(La mira.)* ¿Mayonesa?

NONA.—Mayonesa.

María saca un frasco de mayonesa y una cuchara, y se los entrega a la Nona. Luego la sienta en una silla y le cambia la mantilla y los zapatos, mientras la Nona devora el frasco de mayonesa.

MARIA.—Tiene que ponerse linda, Nona. Se va a cambiar de mantilla, ¿eh? Y se va a poner los zapatos.

NONA.—¿E mi cumpleaño oyi?[43]

MARIA.—No, falta todavía. Pero estamos de fiesta.

NONA.—*(Alegre.)* ¡Festa, festa!

Aparece Chicho vestido con lo mejor que tiene.

CHICHO.—*(Alegremente.)* Ah, Nonita... qué pinta. Parece diez años más joven. *(Se da cuenta que no es mucho.)* ¿Qué? Veinte... o treinta. No le das ni setenta años.

NONA.—¡Festa, festa, Chicho!

CHICHO.—Fiesta, sí.

María sale hacie el interior llevando la mantilla y las zapatillas. Al mismo tiempo aparece Carmelo.

42 *No está fato el fuoco ancora:* No está hecho el fuego todavía.

43 *Oyi:* Hoy.

CHICHO.—Che, Carmelo, mirá la Nonita.

CARMELO.—*(Lleva a Chicho a un costado.)* Francisco no fallará, ¿no?

CHICHO.—¡Cómo va a fallar!

CARMELO.—Si a las dos tenemos que estar en el civil, hay que comer temprano. *(Pausa. Mira a la Nona.)* ¿No será mejor decirle algo?

CHICHO.—¿Te parece?

CARMELO.—Y... digo... A ver si mete la pata en el civil.

CHICHO.—Está bien, yo me ocupo. Andá a atender el asado.
Carmelo sale hacia el fondo.

NONA.—Carmelo... la moyequita cortala bene finita.

CHICHO.—*(Acaricia a la Nona.)* Nonita...

NONA.—Vamo al fondo. Cherca del fuoco.
Se encamina hacia el fondo.

CHICHO.—Ahora van a traer la picadita.
La Nona se detiene. Chicho la sienta y se ubica frente a ella.

CHICHO.—Nonita... La de la mirada dulce. Esos ojos que han visto nacer árboles y morirse para volver a nacer.

NONA.—¿Van a traer la picadita?

CHICHO.—Ya va... ya va... ¿Le dijeron quién va a venir hoy?
La Nona niega con la cabeza.

CHICHO.—El Francisco. ¿Se acuerda?

NONA.—Ese mascalzone.[44]

CHICHO.—Es un buen muchacho, Nona. Y usted la quiere mucho.
La Nona lo mira.

CHICHO.—*(Falsamente pícaro.)* Y me parece que a usted le gusta también.

NONA.—La picadita, Chicho.

CHICHO.—Le decía, Nona... usted tendría que pensar en el futuro... asegurarse un porvenir. Algún día podemos faltarle y... *(Mira a la Nona esperando una reacción.)*

NONA.—*(Algo enojada.)* ¿Y la picadita?

CHICHO.—¡La puta que lo parió con la picadita! *(Le da un pan mientras le acaricia la cabeza para calmarla.)* Vaya masticando.

Se hace una pausa. La nona mastica y Chicho sigue acariciándola mientras piensa.

CHICHO.—Pero este Francisco es un gran muchacho, ¿eh? *(Mira a la Nona y espera.)* Es italiano. *(Igual.)* Y está muy bien.

---

44 *Mascalzone:* Pusilánime, hombre de poco coraje o entereza.

Tiene un quiosco cerca de la estación. Si lo viera... Lleno de chocolates... caramelos...

Los ojos de la Nona se iluminan.

NONA.—¿Chocolata?

CHICHO.—Uf. Tiene una pieza llena. Del blanco.. del esponjoso... rellenos de dulce de leche... caramelos de naranja... pastillas de menta... maní con chocolate...

NONA.—¿Va a venir el Franchesco?

CHICHO.—Debe estar por llegar. Va a comer un asadito con nosotros... Después vamos a ir todos a ver a un señor a una oficina y.. *(Cauteloso.)* Esta noche se la lleva al quiosco. Usted se va con él.

NONA.—¿Me va a dare la chocolata?

CHICHO.—Lo que usted le pida. *(Le acaricia la cabeza.)* ¿Eh, Nonita?

La Nona dice que sí con un rápido movimiento de cabeza. Carmelo se asoma desde el fondo y mira a Chicho.

CHICHO.—Todo arreglado... Todo arreglado.

Suena el timbre de calle. María va a atender.

CHICHO.—El «sorello», llegó el «sorello».[45].

CARMELO.—¡Qué decís, animal! El fidanzato.[46]

CHICHO.—El fidanzato... el fidanzato...

Ingresa Francisco, vestido de traje azul marino y con un ramo de flores en una mano y una caja de bombones en la otra. Del interior aparece Marta.

CARMELO.—Adelante, don Francisco.

FRANCISCO.—¿Cómo le va, Carmelo? *(Lo saluda.)* Hola, Chicho. *(Mira a ambos lados.)* ¿Y Martita? *(En ese momento la ve aparecer.)* Martita...

MARTA.—¿Cómo está, don Francisco? *(Le da la mano.)*

FRANCISCO.—Supongo que ahora que voy a ser tu... *(Mira a los demás.)*

CARMELO.—Bisabuelo.

FRANCISCO.—Bueno... bisabuelo. Te puedo dar un besito, ¿no?

La besa algo cargosamente. Chicho lo toma del brazo y lo separa de Marta.

CHICHO.—Bueno, don Francisco. Ahora tiene que saludar a la... novia.

FRANCISCO.—Sí... sí, por supuesto.

---

45 *Sorello:* Ital. hermano.

Francisco, rodeado por lo demás, se va acercando a la Nona, que permaneció ajena a la escena y sigue masticando. Francisco se planta frente a ella y le hace una reverencia.

CARMELO.—¿Vio quién vino, Nona?

NONA.—El Franchesco.

Francisco le tiende el ramo de rosas.

NONA.—*(Enojada.)* ¿Cosa e?[47] ¿Y la chocalata?

Chicho, rápidamente, toma el ramo de rosas de la mano de Francisco, le saca la caja de bombones y la coloca sobre el regazo de la Nona.

CHICHO.—Aquí tiene, Nona. *(A Francisco.)* Las rosas le traen malos recuerdos. Siéntese, don Francisco.

Lo sienta al lado de la Nona, quien ya ha abierto la caja de bombones y se pone a comer.

CARMELO.—Permiso, don Francisco. Voy a atender el asado. Traé pan para los chorizos, María. Vos, Chicho, servile un poco de vino a don Francisco.

Carmelo y María salen hacia el fondo.

FRANCISCO.—*(Señala una silla junto a él.)* Vení acá, Martita. A mi lado.

MARTA.—Tengo que terminar de arreglarme.

Marta sale hacia el interior. Chicho le tiende un vaso de vino a Francisco. Se queda un instante mirando a Francisco y a la Nona.

CHICHO.—Y bue... Díganse sus cosas.

Chicho da unos pasos hacia el interior. Francisco se levanta y se le acerca.

FRANCISCO.—No sé qué decirle.

CHICHO.—Háblele de sus cosas. Del quiosco, por ejemplo. De las cosas que tienen en el quiosco. Eso le va a interesar mucho. *(Lo palmea.)* Háblele de su mundo, don Francisco.

FRANCISCO.—Y de Catanzaro, ¿no podemos hablar?

CHICHO.—¡Ni se lo nombre! Va a pensar que se casa por interés, ¿me entiende? Ella no sabe que usted sabe. Una vez que se casen... *(Ahora levanta la voz.)* Bue... Ustedes tienen mucho que hablar.

Chicho sale hacia el fondo. Francisco se queda un instante mirando a la Nona, que mastica, con la mirada fija en el suelo. Toma el vaso de vino y finalmente se sienta junto a ella. Se hace una larga pausa, durante la cual Francisco piensa cómo iniciar la conversación.

FRANCISCO.—¿Están ricos los bombones?

47 *¿Cosa e?*: ¿Qué es esto?

136

La Nona asiente con la cabeza.

FRANCISCO.—Son de mi negocio.

NONA.—¿Traquiste má?

FRANCISCO.—No... Pero mi negocio está lleno.

NONA.—¿Me va a llevar cuesta sera?

FRANCISCO.—Sí... sí... claro.

Tímidamente, le pasa el brazo a la nona por el hombro.

NONA.—¿E qué me vas a dar?

FRANCSICO.—*(Más confundido.)* Lo que usted me pida.

NONA.—¡Chocolata!

FRANCISCO.—Ah, sí... sí...

Se hace una larga pausa, durante la cual Francisco queda con el brazo sobre el hombro de la Nona, y ésta sigue masticando. Final- mente, Francisco mira hacia ambos lados para comprobar si están solos.

FRANCISCO.—*(Repentinamente.)* Catanzaro.

La Nona gira la cabeza y lo mira, sin dejar de masticar. Francis- co la mira a ella esperando la reacción.

FRANCISCO.—¿Se acuerda de Catanzaro?

La Nona dice que sí con la cabeza.

FRANCISCO.—*(En voz baja.)* ¿Y qué tiene en Catanzaro?

La Nona lo mira y mastica.

FRANCISCO.—¿De qué se acuerda?

NONA.—Catanzaro... Bon vin.[48]

FRANCISCO.—Vino. ¿Tiene viñedos?

NONA.—La pasta.

FRANCISCO.—Fábrica de pasta.

NONA.—Cuesta cosa... *(Hace un gesto de algo pequeño.)*

FRANCISCO.—Oro... ¡Pepitas de oro!

NONA.—*(Niega con la cabeza.)* Marisco.

FRANCISCO.—Fábrica de pescado... Agarran pescado... Tienen barcos...

NONA.—Se agarra e se manya. *(Ríe.)*

FRANCISCO.—*(Aprieta con alegría a la Nona.)* Nonita.

En ese momento ingresa Chicho trayendo una fuente con sánd- wiches de chorizo.

CHICHO.—¡Bueno, bueno! Perdón si interrumpo, pero los cho- rizos ya están.

La Nona se mete rápidamente en el bolsillo los bombones que aún quedan en la caja. Toma un sándwich y se pone a comer. Car- melo y María ingresan detrás. Francisco abraza a Chicho y lo be- sa.

48 *Bon vin:* Buen vino.

FRANCISCO.—Chicho querido...

Chicho lo mira sin entender y le sirve vino a Francisco. Anyula llega con un vaso de vino en la mano y se cruza con Francisco. Este le saca el vaso de la mano.

FRANCISCO.—No tome más, Anyula. Con eso no va a arreglar nada.

ANYULA.—*(Recupera el vaso.)* Es de Carmelo.

Chicho le extiende un vaso a Francisco.

CHICHO.—Meta, don Francisco.

Este lo toma y se lo cede a Marta, que acaba de entrar.

FRANCISCO.—Tomá, Martita.

MARTA.—Gracias, don Francisco.

FRANCISCO.—No me digas don.

MARTA.—Y... usted ahora es mi bisabuelo.

FRANCISCO.—*(Por lo bajo.)* Ahora sí, pero después de Catanzaro vas a ver.

Desde la calle llega el sonido de varios bocinazos. Marta se encamina hacia la salida.

MARTA.—Bueno...chau.

FRANCISCO.—*(Desilusionado.)* ¿Te vas?

MARTA.—Me tengo que ir, don Francisco.

FRANCISCO.—¡Qué lástima!

MARTA.—Ya va a haber otra oportunidad. *(Sale.)*

FRANCISCO.—*(A Chicho.)* Se fue.

CHICHO.—Sí, ¿pero qué le dijo?

Francisco lo mira.

CHICHO.—Está esperando la oportunidad.

FRANCISCO.—*(Ríe y besa a Chicho.)* ¡Chicho querido! La fábrica de pasta es para vos.

CHICHO.—*(Deconcertado.)* ¿No será mejor que pare de chupar, don Francisco? Mire que a las dos tenemos que estar en el civil

Francisco observa a la Nona, que toma otro sándwiche, y deja de reir.

FRANCISCO.—Escuche... La salud de la Nona...

CHICHO.¿Qué tiene?

FRANCISCO.—Usted me dijo que está muy mal.

CHICHO.—Anoche casi se nos queda. Tuvimos que hacerle respiración boca a boca.

FRANCISCO.—*(Mira a la Nona, que come vorazmente.)* Ma... come bien.

CHICHO.—La mejoría de la muerte.

FRANCISCO.—A ver si se nos queda ahora.

CHICHO.—No... hasta esta noche aguanta seguro, pero ya...
(Hace un gesto fatídico.)
NONA.—¡Chimichurri!
CHICHO.—*(Para distraer la atención de Francisco toma la bandeja.)* Meta otro sánguche, don Francisco.
Carmelo, María y Anyula han llegado desde el fondo trayendo diversas cosas y rodean la mesa.
CHICHO.—Un brindis. ¿A ver?
Todos levantan los vasos, menos la Nona, que sigue comiendo ajena a todo, y Anyula, que se aparta con un gesto de tristeza.
CHICHO.—¡Por los novios!
Todos dicen «por los novios». Anyula se toma la cara y sale llorando hacia el interior. Francisco la mira irse.
CHICHO.—*(A Francisco.)* Déjela... Ahora se mete en la pieza y empieza a chupar... ¡Un desastre!
FRANCISCO.—¡Qué barbaridad!
CHICHO.—Bueno, bueno... *(Levanta la copa.)* ¡Otro brindis!
MARIA.—A ver el novio...
FRANCISCO.—*(Levanta su copa.)* ¡Por Catanzaro!
Nadie, salvo Chicho, entiende mucho, pero todos levantan el vaso.
FRANCISCO.—*(Estira el vaso hacia la Nona.)* Nona... Por Catanzaro.
La Nona lo mira y sigue masticando. Francisco la invita a brindar.
CARMELO.—Brinde, Nona.
La Nona mira ahora a Carmelo y mastica.
CARMELO.—Brinde, don Francisco.
Francisco queda con el vaso extendido. Se hace una pausa. Francisco mira a Chicho reclamando una explicación.
CHICHO.—Y... es un día muy especial para ella.
MARIA.—*(Toma el vaso de la Nona y se lo entrega.)* ¡Vamos, Nona!
La Nona toma el vaso y lo levanta. Todos aplauden y dicen «muy bien», etc. Cuando las voces se callan, se escucha a la Nona.
NONA.—¡Feliche año nuovo!
Apagón rápido.

ACTO SEGUNDO

Se enciende el quiosco de don Francisco. Los estantes están despoblados, el piso lleno de cajas de cartón vacías y la mesa cubierta de papel plateado. La Nona, sentada frente a la mesa, mastica. Francisco está sentado en la cama, con la mirada perdida: la imagen de la derrota.

NONA.—Chocolata.
FRANCISCO.—*(Ido.)* No hay más.
NONA.—Caramelo.
FRANCISCO.—Tampoco.
NONA.—Tengo fame. ¿Qué tené?
FRANCISCO.—Doscientas cajas de chicle.
NONA.—E buono...
Francisco, sorprendido, toma una caja de chicle y se la entrega a la Nona, que la abre y comienza a masticar. Francisco la mira un instante.
FRANCISCO.—¿Se siente bien?
La Nona asiente con la cabeza.
FRANCISCO.—Ma... no puede ser. Pasó un mes y medio. ¿No le duele nada?
La Nona niega. Pausa.

FRANCISCO.—Nona... Escúcheme: ya es hora que hablemos en serio. Yo sé todo lo de la herencia.
La Nona lo mira mientra mastica.
FRANCISCO.—Sí... la herencia... Catanzaro...
NONA.—Uh... Catanzaro.
FRANCISCO.—Catanzaro, sí. ¿Sabe de qué le hablo?
La Nona asiente con la cabeza.
FRANCISCO.—Los viñedos... la fábrica de pasta.

NONA.—¿Vas a hacer pasta?

FRANCISCO.—No, la herencia. Los mariscos...

NONA.—*(Contenta.)* ¡Fideo al vóngole!

FRANCISCO.—*(Exasperado.)* ¡Ma no... la herencia! *(Grita.)* ¡La herencia, vieja de mierda!

Francisco intenta golpearla, pero jadea, se toma la cabeza y cae pesadamente, balbuceando «Catanzaro». La Nona, impasible, sigue masticando. Apagón.

Lentamente se enciende la cocina. Carmelo está sentado, con la cabeza entre las manos; María y Anyula trabajan intensamente. Marta está poniendo la mesa. En la pieza de Chicho está Francisco, hemipléjico, sentado en un sillón.

MARIA.—¡A comer!

La Nona sale como un rayo desde su pieza y se sienta a la mesa. María le pone delante un gran plato de comida. La Nona comienza a comer vorazmente.

NONA.—U pane.

Marta le alcanza pan.

NONA.—Formayo.

Anyula le sirve queso. La Nona golpea el borde del vaso, indicando que quiere vino. Marta le sirve.

NONA.—Escabeche.

Saca un frasco del armario y lo coloca en la mesa. María coloca un plato frente a Carmelo.

MARIA.—Vamos, Carmelo.

Carmelo, que sigue con la cabeza entre las manos, hace un gesto de negación.

MARIA.—¿No vas a comer?

Carmelo niega con la cabeza. María le entrega el plato a Marta.

MARIA.—Tomá. Llevale.

Marta toma el plato y se dirige a la pieza de Chicho. Don Francisco, al ver a Marta, sonríe

FRANCISCO.—*(Balbucea.)* Catanzaro... Catanzaro.

Marta le ata la servilleta alrededor del cuello y comienza a darle de comer con la cuchara.

MARTA.—Cuidado, no se vaya a volcar.

Francisco come mecánicamente.

NONA.—Formayo de rayar.

María saca queso de rallar del aparador y le da a la Nona. La Nona vuelve a golpear el vaso, pero, al ver que nadie la observa, habla.

NONA.—U vino.

Anyula le sirve vino a la Nona.

NONA.—La sale.

María saca sal del aparador y le da a la Nona.

NONA.—Vinagre.

María le acerca una alcuza con vinagre.

MARIA.—*(A Carmelo.)* ¿No vas a comer, entonces?

Carmelo niega con la cabeza. En la pieza, Marta le tiende una cuchara a Francisco, y éste niega con la cabeza. Marta le limpia la boca, le saca la servilleta y le pone una campanita en la mano.

FRANCISCO.—Catanzaro... Catanzaro.

Marta vuelve a la cocina.

MARTA.—Dejó la mitad.

María toma las sobras del plato de don Francisco y las echa en el de la Nona, que sigue comiendo. Marta se sienta y todos, menos Carmelo, comen un rato en silencio. Un instante después ingresa Chicho trayendo un bolso de mano. Simula un estado de gran cansancio. Deja el bolso en un costado y se sienta en una silla.

CHICHO.—¡Ay, Dios mío... Dios mío!

Anyula se levanta y le cede el lugar. Carmelo, por primera vez en la escena, ha levantado la cabeza y tiene la mirada fija en su hermano.

CARMELO.—¿Y?

Chicho hace un gesto de negación con la cabeza.

CARMELO.—¿Qué quiere decir?

Chicho repite el gesto.

CARMELO.—¿Nada?

CHICHO.—Y mirá que anduve, ¿eh?

CARMELO.—¿A que hora saliste?

CHICHO.—Temprano.

MARIA.—A las siete de la tarde.

CARMELO.—¿A las siete?

CHICHO.—Es la mejor hora... La de más concentración

CARMELO.—Todavía no son las nueve. Menos de dos horas.

CHICHO.—Y bueno... Es el primer día.

CARMELO.—¿Y qué saliste a vender?

CHICHO.—*(Luego de una pausa, solemne.)* Biblias.

CARMELO.—¿Cómo biblias?

CHICHO.—Biblias...

Carmelo lo mira.

CHICHO.—¿Y qué querés? Me dio biblias. Dos horas pateando y... nada. Me recorrí todos los bares de la avenida.

ANYULA.—Es que está lleno de ateos.

CHICHO.—¡Eso, tía! ¡Ateos! *(A Carmelo.)* Si hasta me paré un rato en la puerta de la iglesia... Nadie, ¿me querés creer? Y a las ocho y media de la noche. Buena hora.

CARMELO.—*(Conteniéndose.)* Mañana vas a salir a las siete de la mañana.

CHICHO.—Mañana no. Ahora hasta el miércoles que viene...

CARMELO.—¿Cómo hasta el miércoles que viene?

CHICHO.—Y, es así. Una vez por semana. Por contrato.

Carmelo, irritado, se levanta y se dirige a su habitación.

CHICHO.—¿Qué le pasa a éste?

MARIA.—Tuvo que vender el puesto. Eso pasa. ¿Le parece poco?

CHICHO.—¿Vendió el puesto?

MARIA.—Toda una vida de trabajo.

Francisco, en la pieza, hace sonar la campanita.

ANYULA.—Quiere ir a dormir.

MARTA.—¡Uh, que espere! Ahora estamos comiendo.

La campanita sigue sonando un rato

MARIA.—¿No oyen que está llamando?

Anyula se pone de pie.

MARTA.—Terminemos de comer...

MARIA.—Usted quédese, Anyula. Carmelo quiere que se ocupe Chicho. Vos también, Marta. ¡Vamos, esa campanita no la soporto más!

Marta y Chicho se ponen de pie y se encaminan hacia la pieza.

ANYULA.—Yo lo puedo hacer.

MARIA.—¡Por favor, Anyula! Siéntese y termine de comer.

NONA.—Termené.

Anyula le sirve otro plato.

Chicho y Marta ingresa a la pieza. Al encenderse la luz, Francisco sonríe, pero sigue tocando la campanita.

FRANCISCO.—Catanzaro... Catanzaro...

Marta le saca la campanita de la mano y lo toma por los hombros.

MARTA.—Agarralo por los pies, tío.

Marta y Chicho levantan a Francisco y lo trasladan a la cama.

CHICHO.—¿Habrá orinado ya? Anoche mojó todo.

Lo acuestan. Marta lo arropa.

FRANCISCO.—*(En tono plácido.)* Catanzaro... Catanzaro.

CHICHO.—Don Francisco, ¿orinó ya?

Marta toma la campanita y se la pone en la mano.

MARTA.—Y ya sabe. Si precisa algo, haga sonar la campanita.

CHICHO.—Especialmente si quiere ir al baño. ¿Me oyó, don Francisco? ¿Me oyó?

FRANCISCO.—*(Molesto.)* Catanzaro... Catanzaro...

Marta y Chicho salen. Ingresan a la cocina en el momento en que se escucha desde la calle el sonido de una moto que se detiene.

MARTA.—Es el farmacéutico. Chau a todos.

Marta sale hacia la calle. Chicho se sienta a comer. Anyula levanta el plato suyo y el de Marta. María se pone de pie también y la ayuda. La Nona, durante todo este tiempo, ha seguido comiendo. Carmelo aparece desde el interior con el saco puesto. Está evidentemente nervioso.

CARMELO.—*(A Chicho.)* ¡Levantate y vamos!

CHICHO.—¿Adónde?

CARMELO.—Al abasto.

CHICHO.—*(Mira a los demás.)* ¿Al Abasto? ¿A qué?

CARMELO.—¿Cómo a qué? A trabajar. A descargar camiones.

CHICHO.—¿A esta hora?

CARMELO.—¡A esta hora, sí! Dentro de un rato empiezan a llegar los camiones.

CHICHO.—¡Pero, pará! Déjame comer.

CARMELO.—¡Pará, nada! ¡Esto se terminó! ¿Me oíste? ¡Se terminó!

NONA.—U pane.

Carmelo, mecánicamente y con violencia, saca un pan del aparador y lo pone cerca del alcance de la Nona. A partir de ese momento responderá a cada pedido de la Nona.

CARMELO.—¡Ahora vas a saber lo que es trabajar en serio!

NONA.—Formayo.

Carmelo abre la heladera, saca queso y se lo alcanza a la Nona. Entretanto, sigue hablando.

CARMELO.—¡Se terminó! Tuve que vender el puesto.

CHICHO.—Me dijo María...

CARMELO.—Toda una vida de trabajo...

La Nona golpea el borde del vaso y Carmelo le sirve vino.

CARMELO.—¡Una vida!, ¿me oís? Levantándome a las cuatro de la mañana... Dieciséis horas por día de trabajo, ¿Para qué? ¿Eh? ¿Para qué? ¡Para esto!

NONA.—Salamín.

Carmelo, siempre violentamente y sin dejar de hablar, corta un salamín de una tira, lo tajea y luego sirve a la Nona.

CARMELO.—Todo este esfuerzo, ¿para qué? Decíme. Para tener que empezar de nuevo de ayudante del pescadero.

CHICHO.—(Con cierto alivio.) Ah... conseguiste algo.

NONA.—Ajise.

144

Carmelo saca un ají de la bolsa de la verdura y se lo tiende a la Nona.

CARMELO.—Ayudante de un mocoso que no sabe ni limpiarse los mocos.[49]

La Nona le tiende el ají a Carmelo.

NONA.—Ponele aco picadito, Carmelo.

Carmelo toma el ají, lo corta y luego le echa encima ajo picado.

CARMELO.—¡De un mocoso! ¡Yo, Carmelo Spadone! Respetado por todos los puesteros del mercado. ¡Me admiraban!, ¿me oís?, ¡me admiraban! Me consultaban... ¡A mí! !Un maestro! Así me dijeron una vez: «Sos un maestro, Carmelo». *(Le tiende el plato a la Nona. Luego, recordando.)* «Carmelo... ¿qué te parece este tomate?»

NONA.—Ah... ponele tomate, también.

Carmelo agarra el plato de la Nona, corta un tomate y se lo agrega.

CARMELO.—Y lo que yo decía era santa palabra. ¡Se pagaba lo que decía Carmelo Spadone! Un maestro. *(Recordando.)* «Carmelo... ¿este apio no está pasado?»

NONA.—No importa, ponele igual.

CARMELO.—*(Natural.)* «No es la época». ¡Un maestro...! Mirá cuando me vean mañana... Ayudante del pescadero. Yo, ayudante de un mocoso.

Carmelo cae sentado en una silla y se pone a llorar. Se hace un silencio espeso.

NONA.—La sale.

Carmelo, siempre llorando, toma un salero y echa sal en el plato de la Nona. Anyula se echa a llorar.

ANYULA.—Dios santo... Dios santo...

María lo toma.

MARIA.—Venga, Anyula. Venga a acostarse.

Carmelo llora en silencio. Chicho está con la cabeza baja.

NONA.—Vinagre.

Carmelo le sirve.

MARIA.—¡Es increíble! Un hombre como él... ¡Mírelo cómo está! ¡Destruído!

CHICHO.—Pero, ¿y yo qué tengo que ver...?

MARIA.—¡Sí que tiene que ver! Si usted hubiera trabajado, no estaría como está.

CHICHO.—Y bueno... Hoy empecé.

---

49 *No sabe ni limpiarse los mocos:* Inexperto, principiante en alguna actividad.

MARIA.—¡Cállese, por favor! ¡Un parásito, viviendo a costillas[50] del hermano!

La Nona golpea el vaso. Chicho le sirve vino.

CHICHO.—Pero ahora resulta que yo soy el culpable de todo... Yo no pido nada. ¿Cuándo te pedí algo, Carmelo? Yo sólo tengo mi música.

MARIA.—¡Su música! ¡Qué música! Nunca compuso nada. Usted es un fracasado, eso es lo que es. ¡Un fracasado!

CHICHO.—*(Dolorido.)* Eso no, María... Un fracasado, no.

Ahora es Chicho el que se toma la cabeza y se pone a llorar. Al mismo tiempo le alcanza un pan a la Nona. Carmelo hace un gesto de rabia, se pone de pie y se encamina hacia la salida.

MARIA.—¿Dónde vas?

CARMELO.—No sé... Por ahí. Necesito pensar un poco.

MARIA.—*(Alarmada.)* ¡Carmelo! *(Se acerca y lo toma)* Carmelo... Por favor, ¿Dónde vas?

CARMELO.—Necesito estar solo, María. ¡Dejame, por favor!

MARIA.—¡No vas a hacer una locura!

CARMELO.—¡No! *(Se desprende de María.)* Necesito estar solo, nada más. No va a pasar nada.

Carmelo sale. María lo mira salir y se queda inmóvil un instante. Luego se vuelve y sale llorando hacia su habitación. Se hace una pausa. Chicho, tras la salida de María, deja de llorar y lee el diario.

NONA.—Termené. *(Pausa.)* Chicho, termené.

Chicho levanta la cabeza.

NONA.—El postre.

Chicho se levanta, mira a su alrededor, toma una mazana y la pone frente a la Nona.

NONA.—Dolche de batata, ¿no hay?

CHICHO.—No sé... no sé... Coma eso.

Chicho se dirige lentamente hacia su habitación. Se desnuda y se acuesta junto a Francisco. Apaga la luz. La Nona, entretanto, come en silencio. Se hace una pausa prolongada.

CHICHO.—¡La puta que lo parió, don Francisco! ¡Le dije que tocara la campanita!

La campanita comienza a sonar incesantemente. La Nona sigue comiendo. Apagón.

Se enciende la luz nuevamente en la cocina, en horas de la tarde. La Nona descubre un sobre de papas fritas. Ingresa María des-

---

50 *Viviendo a costillas:* Vivir a costillas: expresión que significa usufructuar los beneficios sin pagar, o recibir dinero o favores sin retribuir.

de la calle con un gran paquete envuelto en papel madera. La Nona oculta el paquete de papas fritas en el bolsillo.

María ingresa a su pieza. La Nona saca subrepticiamente una papa frita y mastica. Un momento después vuelve María; ha dejado el paquete y se ha sacado el tapado.

Toma un delantal y se lo coloca. Advierte los movimientos disimulados de la Nona.

MARIA.—¿Qué tiene ahí? *(Le mete la mano en el bolsillo.)* ¿A ver?

NONA.—Niente, niente[51].

María le saca el paquete de papas fritas.

MARIA.—¿Cómo nada? ¿Y esto?

NONA.—No sé... Alguno lo puso ahí.

MARIA.—¿Cómo alguno lo puso ahí? ¡Qué cosa! Váyase a su pieza, vamos.

La Nona se levanta pesadamente y se dirige hacia su pieza murmurando. Desde la calle llega Carmelo.

MARIA.—¿Cómo te fue?

CARMELO.—*(Se encoge de hombros. Saca grapa y se sirve.)* ¿Cómo me va a ir?

MARIA.— ¿Pero te dieron la plata?

CARMELO.—Al cincuenta por ciento de interés.

MARIA.—Menos mal que es un amigo.

CARMELO.—Según él, se tiene que cubrir. Yo no tengo más el puesto. No tengo garantía. ¿Entendés? Soy un don nadie. Eso es lo que soy. ¡Un don nadie!

Se dirige al armario, saca el cuaderno y se sienta a hacer cuentas y a beber. María lo mira un instante mientras Carmelo bebe un largo trago.

MARIA.—Estás tomando mucho, Carmelo.

CARMELO.—¿Y vos? ¿Cuánto vendiste?

MARIA.—Tres pulóveres.

CARMELO.—Que, de comisión, son...

MARIA.—Noventa mil.

Carmelo anota. Desde la calle llega Anyula, con evidentes signos de cansancio. Se sienta en una silla.

ANYULA.—Ay, Dios... Dios...

CARMELO.—¿Cómo le fue, tía?

Anyula abre el monedero, saca unos billetes y se los tiende a Carmelo. Carmelo cuenta.

CARMELO.—Ciento cincuenta mil... ¿Cuánto le pagaron la hora?

ANYULA.—Quince mil.

51 *Niente:* Nada.

CARMELO.—Es muy poco, tía. Tiene que cobrar veinte mil, por lo menos.

ANYULA.—Y, no se... Me dijeron quince mil y...

MARIA.—Se aprovechan porque es una vieja.¡Son unos degenerados!

ANYULA.—Encima tuve que lavar dos escaleras... ¡Ay, Dios santo!

MARIA.—Venga, Anyula. Vaya a descansar.

Anyula sale caminando lentamente y quejándose.

CARMELO.—Y mañana pídales veinte mil. Que no sean atorrantes.

Carmelo anota en el cuaderno. Se pasa la mano por la frente y se sirve otro trago de grapa.

MARIA.—¡Carmelo, no tomes más!

CARMELO.—¡Por favor, María... por favor!

MARIA.—Hacé como quieras. *(Sale.)*

Ingresa Chicho, vestido de cafetero, con un bolso, donde lleva varios termos.

CHICHO.—*(Exagerando el cansancio.)* Buenas.

CARMELO.—*(Agresivo.)* ¿Qué hacés vos acá?

CHICHO.—¿Cómo qué hago?

CARMELO.—Son las ocho de la noche.

CHICHO.—Ah, no... Una pasadita, nada más. Para descansar y comer algo. Después sigo.

CARMELO.—Oíme, Chicho... Tu horario es de las siete de la tarde hasta la una. ¿Estamos?

CHICHO.—Ya sé... Patié una hora seguida. Dejame descansar un rato.

CARMELO.—Te aviso, nada más. *(Mira la hora.)* Quince minutos y después te vas.

CHICHO.—Está bien. *(Lanza un quejido de cansancio.)*

CARMELO.—¿Cuánto vendiste?

CHICHO.—Poco.

CARMELO.—*(Agresivo.)* ¿Cuánto?

CHICHO.—Y bueno... a ver... *(Carraspea.)* Unos tres, más o menos.

CARMELO.—Tres termos, no está mal.

CHICHO.—¡Tres cafés!

CARMELO.—¿Tres cafés, nada más?

CHICHO.—¿Y qué querés? *(Como si fuera una hazaña.)* En una hora. Me quedan cinco todavía.

Carmelo se agarra la cabeza con las manos. Vuelve a servirse grapa. Se hace una pausa.

CHICHO.—*(A Carmelo.)* ¿Querés un café?
Carmelo niega con la cabeza.
CHICHO.—A vos no te voy a cobrar.
CARMELO.—¡Andá a la mierda!
Pausa.
CHICHO.—¿Cómo anduvo?
CARMELO.—No llegamos... no llegamos...
CHICHO.—¿Contaste lo del Francisco?
CARMELO.—Ah, no. (Se pone de pie.) Ayudame a traerlo.
Chicho y Carmelo salen hacia la calle y volverán un instante después trayendo a Francisco, que está sentado en el sillón hamaca y con una gorra en la mano.
FRANCISCO.—*(Con tono de cansancio)* Catanzaro... Catanzaro...
Dejan a Francisco en un costado. Chicho le saca la gorra de la mano y la vacía sobre la mesa. Caen monedas, algún billete y otros elementos.
CARMELO.—Y no... ¡Moneditas!
CHICHO.—Pará. Aquí hay un billete de mil... Dos de quinientos...
Chicho comienza a contar las monedas.
CARMELO.—No va, Chicho... No va.
CHICHO.—¿A qué hora lo sacaron?
CARMELO.—Y... según me dijo María, a las diez de la mañana.
CHICHO.—Y bueno! ¿Por qué no lo sacaron a las seis? Se perdieron el cambio de turno de la fábrica.
CARMELO.—No, Chicho, no... ¡Esas ideas tuyas!
CHICHO.—Pero, pará... Aquí hay por lo menos diez lucas. *(Toma algo.)* Una chapita[52] de cerveza. ¡Mirá que hay que ser hijo de puta! Lo que pasa es que éste es un barrio de mierda.
CARMELO.—No va, Chicho, no va.
CHICHO.—La idea no es mala, Carmelo. Ahí te equivocás. Pero aquí en la puerta... ¿Qué querés? Esta es una calle muerta. Estuve pensando, justamente... ¿Por qué no lo llevamos a la estación?
CARMELO.—¿Y cuánto más puede sacar?
CHICHO.—¡Qué te parece! Está la iglesia enfrente, el mercado... la parada de colectivos. Como ubicación, es excepcional.
Carmelo piensa.
CHICHO.—Y, además, bien tempranito... *(Breve pausa.)* Y de noche, al café.
Carmelo lo mira.

52 *Chapita:* Tapita metálica de ciertos envases de bebidas.

149

CHICHO.—Hablé con el gallego... El dueño. No hay problema. Hay un rinconcito al lado de los billares... Ahí no molesta.
Se hace la pausa.
CHICHO.—Probemos esta noche...
CARMELO.—En ese café de atorrantes...
CHICHO.—Son buenos muchachos. Algunos mangos le van a tirar. Además, a las doce y media está la salida del cine... Se llena. Ya esa hora lo pasamos al salón familias. En serio, Carmelo, puede andar. Pensalo.
Carmelo se queda un instante pensativo, mirando a Francisco. Finalmente, se pone de pie.
CARMELO.—Vamos a probar.
Chicho también se levanta. Ambos toman el sillón. Chicho le pone la gorra en la mano a Francisco.
FRANCISCO.—¿Catanzaro, Catanzaro?
Se encaminan hacia la salida.
CARMELO.—¿Y para traerlo de vuelta?
CHICHO.—No hay problema. El café está abierto toda la noche.
FRANCISCO.—*(Al advertir que lo llevan hacia la calle, se queja)* ¡Catanzaro, Catanzaro... Catanzaro! *(Sale agitando las piernas.)*
Apagón.
Se enciende la luz en la cocina. María y Anyula terminan de lavar la vajilla de la cena. Carmelo bebe grapa y la Nona mastica.
NONA.—El postre.
MARIA.—*(A Anyula.)* Dele una manzana que hay en el aparador. Pero sólo una, ¿eh?
Anyula abre el aparador y busca.
ANYULA.—No veo nada.
MARIA.—¿Cómo? *(Se acerca a mirar).* Compré dos kilos de manzanas esta mañana. *(Se vuelve hacia la Nona)* ¡Nona! ¿Usted sacó manzanas de acá?
NONA.—Ma no. A mí la manzana no mi piache molto.[53]
MARIA.—¡Qué no le va a gustar! *(A los demás)* ¿Alguien comió manzanas?
Todos niegan. Se vuelve hacia la Nona.
MARIA.—¿Entonces? Diga la verdad, Nona.
Carmelo, que ha estado con la cabeza gacha y tomando grapa.
CARMELO.—Está bien, María. Déjala. Váyase a dormir, Nona. Vamos.
NONA.—*(Molesta)* ¿Y el postre?
CARMELO.—*(Violento).* ¡No hay postre! ¿No oyó? A la cama. Vamos.

53 *No me piache molto:* No me gusta mucho.

Toma a la Nona y la encamina hacia la pieza. La Nona sale rezongando. Desde la calle llega Chicho. Carmelo lo mira y le hace un cabeceo de interrogación.

CHICHO.—Nada. *(Se sienta).* No aparece por ningún lado.

CARMELO.—¿Fuiste a la estación?

CHICHO.—Escuchame: me recorrí los dos andenes, fui a la iglesia, el mercado... Pregunté. ¡Nada!

CARMELO.—¡Qué raro! Don Francisco ya era conocido.

CHICHO.—Me dijeron que habían visto a un viejo en la avenida... Me fui. Pero no, era otro. Me fui hasta el baldío...

Carmelo lo mira.

CHICHO.—¿Te acordás que el otro día el hijo de puta de la heladería me lo tiró al baldío?

Carmelo asiente.

CHICHO.— ¡Tampoco!

CARMELO.—¿Se habrá muerto?

CHICHO.—*(Hace un gesto y chasquea la lengua.)* Alguien se lo llevó. ¡Si el viejo es negocio!

Carmelo lo mira como diciendo: «¡Vamos!».

CHICHO.—¿Para una persona sola...? ¿Un matrimonio...? ¡Escuchame! Lo que pasa es que nosotros somos un familión.

CARMELO.—No sé... Pero la parte de don Francisco la vas a poner vos.

CHICHO.—¡Pará, que por ahí aparece! *(Breve pausa.)* ¡Qué hijo de puta! Por lo menos, podríamos haber sacado unos mangos por la transferencia.

Marta sale desde el interior vestida como para salir.

MARTA.—Me voy...

CARMELO.—Pará, nena. Quiero que hablemos un poco, todos.

Carmelo se pone de pie, abre el aparador y saca el cuadernito de gastos.

CARMELO.—*(A Anyula y María).* Siéntense.

Las mujeres se sientan alrededor de la mesa. Carmelo abre el cuaderno. Se hace una pausa.

CARMELO.—Bueno... quiero que conozcan la situación.

(Pausa) Este mes vamos a tener un déficit de tres millones.

MARTA.—¿Tres millones?

CARMELO.—Sin contar la cuota del préstamo.

MARTA.—¿Y cómo van a hacer?

CARMELO.—Lo único que nos queda es hipotecar la casa. Yo ya empecé los trámites. Pero igual... de aquí a que nos den la plata... Así que todos tenemos que hacer un esfuerzo. Yo voy a hacer unas changas para vender flores los domingos. *(A*

Chicho.) Vos me vas a ayudar.

Chicho hace un gesto resignado.

CARMELO.—Y ahora que no está don Francisco vas a volver a vender café.

CHICHO.—¡Pará! Por ahí aparece.

CARMELO.—¡No va aparecer, Chicho!

Chicho hace un gesto.

CARMELO.—Y aunque aparezca... Lo de Francisco era una miseria. Aquí tenemos que poner el hombro todos, y en serio. ¡Ah! Y además vamos a vender el televisor. *(A Anyula).* Lo siento por usted, tía.

ANYULA.—Por mí, querido... ¡No!

CARMELO.—Mañana va a venir don Simón a buscarlo. *(Breve pausa).* Bueno... eso es todo.

Carmelo cierra el cuaderno y se sirve otro trago de grapa. Se hace una pausa.

MARTA.—Papá... Yo quería decirte que... Me ofrecieron otro trabajo. Más lindo que el de la farmacia y donde puedo ganar mejor...

Todos la miran.

MARTA.—Bueno ¿cómo te diré?... De artista, Bueno... algo así. Es en una confitería, ¿no? Y yo tengo que ir ahí y charlar con la gente... Es de noche, pero si a ustedes les parece...

Se hace una pausa. Carmelo, María y Chicho cruzan miradas significativas. Chicho hace un gesto afirmativo a Carmelo.

CARMELO.—Está bien, nena. Si a vos te gusta y te pagan mejor...

MARIA.—Al final, en esa farmacia siempre de turno.

Marta besa a la madre y al padre.

MARTA.—Esta misma noche voy a arreglar. Son muy buena gente.

CARMELO.—Sé amable.

Marta besa a Anyula y sale alegremente.

MARTA.—Son muy buena gente. Chau.

Pausa.

CARMELO.—La Martita es de fierro.[54] No quiso estudiar, pero...

ANYULA.—Y qué suerte que le paguen por conversar, ¿no?

Se hace una pausa espesa. La luz se apaga en la pieza de la Nona.

CARMELO.—Sh... la Nona apagó la luz.

Carmelo enciende una vela y la coloca sobre la mesa.

---

54 *Es de fierro:* Indica a la persona solidaria, que no traiciona la confianza que se deposita en ella.

ANYULA.—Yo me voy a dormir. Hasta mañana.

Todos saludan. Carmelo apaga la luz general de la cocina. Entretanto, habla en voz muy fuerte.

CARMELO.—Bueno... nos vamos a dormir todos. Hasta mañana.

MARIA.—*(También fuerte).* Hasta mañana.

CHICHO.—*(Igual).* Yo me voy un rato al café.

Luego, los tres se sientan sigilosamente alrededor de la mesa.

MARIA.—*(Cuchichea).* ¿A qué hora va a venir mañana don Simón a llevarse el televisor?

CARMELO.—A la noche. Para que haya alguien.

MARIA.—¿Cuánto te da?

CARMELO.—Un millón.

MARIA.—¡Es muy poco! Si está casi nuevo.

CARMELO.—Estuve averiguando... No te dan más.

En ese momento vuelve Anyula con un vaso en la mano y enciende la luz general.

CARMELO.—*(Ahora habla fuerte).* ¡No prenda la luz, tía!

Al mismo tiempo se abre la puerta de la pieza de la Nona, y ésta aparece.

NONA.—Bonyiorno...

ANYULA.—Perdón... Quería... *(Hace un ademán de tomar agua).*

NONA.—Vengo a manyare el desachuno.

CARMELO.—¡Basta, Nona! ¡Basta! ¡Váyase a dormir!

NONA.—*(Imperativa)* ¡Tengo fame...

CARMELO.—¡No hay más nada! ¿Me oyó? ¡A dormir!

NONA.—*(Enojada).* Con el estómago vacío no poso dormire.

CARMELO.—*(Muy alterado)* ¡Basta! ¡Basta! ¡Dios mío!

CHICHO.—Pero no te pongas así, Carmelo.

NONA.—Un cacho de pane.

CARMELO.—*(Se toma la cabeza.)* Dios mío... Dios mío...

Chicho le entrega un pedazo de pan a la Nona.

CHICHO.—¿Está bien así?

NONA.—Ponele algo adentro.

Chicho mira a María.

MARIA.—No hay nada.

CHICHO.—No hay nada, Nona.

NONA.—¿Formayo?

MARIA.—No hay. No quedó nada. Mañana voy a comprar.

La Nona vacila. Chicho la toma por el hombro.

CHICHO.—Y ahora a dormir. Vamos.

La Nona sale rezongando. Carmelo se sirve otro trago de grapa y lo bebe de un tirón. Se hace una pausa prolongada.

CHICHO.—Está haciendo frío, ¿no?

Lo miran extrañados.

MARIA.—¿Frío?

CHICHO.—*(Tiembla y se refriega los brazos.)* No sé... Siento frío.

CARMELO.—Será por la grapita, pero yo tengo más bien calor.

CHICHO.—Y pienso en la Nonita, en esta pieza que es una heladera... ¡Pobre Nonita! No sea cosa que se agarre un frío y...

Breve pausa. Carmelo y María miran a Chicho cada vez más extrañados.

CHICHO.—Pensaba... ¿Si le ponemos un braserito? *(Mira a Carmelo.)* Digo... Para que le dé calorcito.

Se hace una pausa. Todos entienden de qué se trata.

CARMELO.—Y... fresquito está.

MARIA.—Sí, refrescó.

CARMELO.—¿Quedan brasitas del asado?

María sale hacia el fondo. Chicho advierte que Anyula se ha quedado ensimismada. Le hace una seña a Carmelo, quien mira a Anyula y hace un gesto como diciendo: «¡Qué macana!». María regresa trayendo carbón en una pala.

MARIA.—¿Y el brasero?

Carmelo le chista y le señala a Anyula. Esta se levanta y sale hacia el interior. María hace un gesto de sorpresa. Chicho y Carmelo quedan frustrados. Esta situación dura hasta que Anyula reaparece trayendo el brasero, que coloca sobre la mesa. María echa las brasas en el brasero.

MARIA.—¿Será suficiente?

CARMELO.—Y... sí. Para que le entibie un poco la pieza.

Carmelo y Chicho se hacen mutuas señas para ver quién pone el brasero. Carmelo lo toma y se lo tiende a Chicho. Este toma el brasero y lo coloca en la entrada de la pieza de la Nona.

CHICHO.—Bueno... ahora nosotros podemos salir a dar una vueltita, ¿no?

MARIA.—Sí, tengo ganas de tomar un poco de fresco. ¿Vamos, Anyula?

Anyula sale rápidamente hacia la calle, seguida por los demás. Pausa prolongada. Luego se ve aparecer a la Nona. Mira el brasero, saca un sartén, una lata de aceite y dos huevos. Mientras se prepara dos huevos fritos se produce el apagón.

Las luces se encienden sobre la cocina vacía. Falta la heladera. Un instante después llega María desde la calle con evidente cansancio y un paquete bajo el brazo.

MARIA.—¡Marta! ¡Marta!

Ingresa a la pieza para dejar el paquete y sigue llamando a Marta. Esta aparece, finalmente. Lleva puesto un batón descolorido, sobre el cuerpo desnudo, y unas chancletas. Está muy maquillada y camina desganadamente.

MARTA.—¿Qué pasa, mamá? Estoy atendiendo un cliente. *(Se deja caer en una silla.)*

MARIA.—Perdoname, nena. No sabía que estabas trabajando.

MARTA.—Hoy tengo mucha gente. *(Hace un gesto de malestar.)*

MARIA.—¿Tomaste el remedio?

Marta se encoge de hombros.

MARIA.—Tenés que tomarlo, nena. *(Saca un frasquito del aparador y sirve un vaso de agua.)* El tío del panadero me preguntó si podía venir.

MARTA.—Hoy no va a poder ser. Tengo todas las horas ocupadas.

MARIA.—*(Le tiende la pastilla y el vaso de agua.)* Le dije que sí. Hacele un lugarcito.

MARTA.—¡Mamá... estoy muerta! Hoy empecé a las ocho de la mañana.

MARIA.—*(Le acaricia la cabeza.)* Es un buen cliente. Dice que en el barrio no hay otra manicura como vos.

MARTA.—*(Se pone de pie y sale pesadamente.)* No voy a terminar ni a la una de la mañana.

MARIA.—Y bueno... nena. Pero por lo menos no tenés que salir de noche.

Marta ya salió. María se pone el delantal y comienza a trabajar. Desde la calle llega Carmelo, quien camina lentamente y trae un paquetito en la mano.

CARMELO.—¿Vino Chicho?

MARIA.—Creo que no. Recién llegué.

Carmelo deja el paquete sobre la mesa, saca la botella de grapa y bebe un largo trago.

MARIA.—*(Por la bebida.)* ¡Ay, Carmelo, pará!

CARMELO.—*(Grita.)* ¡Por favor, María! ¡Por favor!

MARIA.—Shhh... que la nena está trabajando.

Carmelo se mete la mano en el bolsillo y arroja unos billetes sobre la mesa.

CARMELO.—Lo de la heladera.

MARIA.—*(Cuenta los billetes.)* ¿Esto, nada más?

CARMELO.—Pagué la cuenta del almacén.

Desde la calle ingresa Chicho. Carmelo y María lo miran.

CARMELO.—¿Conseguiste?

Chicho saca un frasquito del bolsillo y se lo tiende a Carmelo. Este se niega a agarrarlo y Chicho lo coloca sobre la mesa. Los tres miran el frasquito y se lanzan furtivas miradas. Carmelo bebe grapa y, finalmente, se decide. Sirve agua y vuelca parte del contenido del frasquito en el vaso.

CARMELO.—¿Seguro que no es doloroso?

CHICHO.—Seguro. Y rápido. Con eso basta.

Carmelo deja el vaso sobre la mesa. Los tres se quedan inmóviles mirando el vaso. Carmelo vuelve a beber grapa.

CARMELO.—*(A Chicho.)* Dale. Llamala.

CHICHO.—¡Nona!

No hay respuesta.

CHICHO.—*(Más fuerte.)* ¡¡Nonaaa!!

CARMELO.—Decile que hay algo para picar.

CHICHO.—¡Nona! ¡La picadita!

La Nona sale como un rayo de su pieza y va a sentarse a la mesa. Todos tratan de eludir su mirada.

NONA.—La picadita... La picadita... ¿Qué me traquiste?

La Nona se abalanza sobre el paquete.

CHICHO.—Pare, Nona. *(Le tiende el vaso.)* Tómese esto antes.

NONA.—¿Cosa e?

Los tres se miran. María no soporta más la situación y sale hacia su pieza.

CHICHO.—Un aperitivo.

NONA.—¿Vermú?

CHICHO.—*(Mira a Carmelo.)* No... pero es rico lo mismo. Pruebe.

La Nona bebe un trago y lo saborea.

NONA.—E buono. *(Otro trago.)* Amarguito... Como el Chinar. Dame más.

Chicho toma el vaso y lo llena de agua. Le echa el resto del contenido del frasquito, mientras la Nona comienza a comer. Carmelo le saca de la mano el vaso a Chicho.

CARMELO.—¡Basta, Chicho! ¡Nona, váyase a su pieza, vamos!

NONA.—Ma... La picadita.

Carmelo, con violencia, toma el paquete y se lo da a la Nona.

CARMELO.—¡A su pieza! ¡Vamos! ¡Y acuéstese!

NONA.—Non habiamo manyato ancora[55].

CARMELO.—*(Violento.)* ¡A su pieza, le dije!

---

[55] *Non habiamo manyato ancora:* No hemos comido todavía.

La Nona se pone de pie y se encamina hacia su pieza rezongando. Carmelo se toma la cara y sale hacia su habitación. Chicho se queda un instante pensativo. Luego se dirige a su pieza y se acuesta. La escena queda vacía un momento. Luego se ve aparecer a Anyula desde la calle, con el monedero en la mano. Su cansancio es evidente. Suspira y cae sentada en una de las sillas. Mira a su alrededor. Se va recomponiendo. Toma el vaso que dejó la Nona y bebe su contenido de un trago. Muere en forma instantánea. Apagón.

Las luces se encienden en la cocina. Sólo queda el aparador, la mesa y cuatro sillas. Carmelo ingresa desde los dormitorios. Su destrucción es más notoria.

CARMELO.—Chicho... *(Se dirige a la pieza de Chicho y lo sacude.)* ¡Vamos, che!

CHICHO.—*(Entre sueños.)* Está bien. Voy después.

CARMELO.—¿Qué después? ¡Vamos!

CHICHO.—Está bien... está bien...

Carmelo vuelve a la cocina. Chicho se levanta pesadamente y comienza a vestirse. Carmelo va al fondo y vuelve con un canasto de flores. María llega desde el interior con una pava y un mate. Carmelo saca la botella de grapa y bebe un largo trago.

MARIA.—Carmelo... ¿Ya empezás?

Carmelo se encoge de hombros.

MARIA.—Son las cinco de la mañana.

CARMELO.—Bueno... María.

MARIA.—¡Bueno, nada! Tenés presión, no tenés que tomar.

CARMELO.—¿Vos vas directo al hospital a ver a la Martita?

María asiente.

CARMELO.—Pasamos por lo de don Simón antes. Hay que llevar los muebles.

MARIA.—Está bien. ¿Vos vas a ir?

CARMELO.—¿Al hospital? Depende de la hora que termine de vender las flores. *(La mira.)* Explicale a la Martita.

MARIA.—Martita ya lo sabe.

CARMELO.—Hoy el doctor te va a decir qué es lo que tiene, ¿no?

MARIA.—Sí, pobre Martita. Yo no la veo nada bien.

CARMELO.—Y bueno... Decile al doctor que le hagan algo.

MARIA.—Ya sé, Carmelo. Sé lo que tengo que decir.

CHICHO.—*(Apareciendo semidormido.)* ¿Qué hora es?

CARMELO.—Cinco y cuarto.

CHICHO.—¡Cinco y cuarto! Che, Carmelo, el cementerio abre a las ocho.

CARMELO.—Hay que estar temprano para agarrar buen lugar. Y antes tenemos que pasar por lo de don Simón.

CHICHO.—Pará que tome un mate.

Chicho toma un mate mientras Carmelo comienza a sacar las sillas hacia la salida.

CHICHO.—¿No hay nada para comer?

María niega con la cabeza.

CHICHO.—Aunque sea un cacho de pan, para la languidez.

CARMELO.—En cuanto vendamos unas flores te tomás un café con leche. Vamos, llevá esa silla, María.

María sale llevando una silla.

MARIA.—No te olvides de ponerle unas flores a la tumba de Anyula.

CARMELO.—*(A Chicho.)* Vamos, che, largá el mate que tenemos que pasar por lo de don Simón.

CHICHO.—¿Y va a estar a esta hora?

CARMELO.—Le dije que íbamos a pasar temprano.

Carmelo toma una punta de la mesa.

CARMELO.—Ayudame, vamos.

CHICHO.—¡Qué!, ¿la mesa también vas a vender?

CARMELO.—La mesa también.

Chicho y Carmelo salen llevando la mesa. En el escenario, semivacío, queda el canasto de flores. Un instante después aparece la Nona.

NONA.—¡Bonyiorno! *(Mira a uno y otro lado.)* ¡María! *(Pausa.)* ¡Carmelo!

Advierte que no hay nadie y comienza a revisar para ver si hay comida. Primero lo hace normalmente, pero luego se va desesperando. Revuelve todo, con creciente violencia, hasta que descubre las flores. Las mira. Arranca un pétalo, lo prueba, hace un gesto de agrado y luego busca una ensaladera, sal, aceite y vinagre. Se sienta en un banquito que quedó y comienza a prepararse una ensalada con las flores.

Cuando ha comenzado a comer, regresa Carmelo. Al verla, se detiene espantado.

CARMELO.—¡No... Nona! ¡Las flores no... las flores no...!

Toma el canasto como para protegerlo. Luego lo alza e inicia el gesto para golpear a la Nona. Jadea, trastabilla y cae muerto. La Nona, sin inmutarse, sigue comiendo las flores.

Las luces se encienden lentamente. La cocina está despoblada, salvo dos cajones vacíos de fruta que se usan como sillas. En la pieza de Chicho sólo queda la cama. Sobre ella está tirado

Chicho, mirando fijo el techo. Un instante después aparece María desde los dormitorios. Lleva una valija en la mano.

MARIA.—Chicho...

Recorre con la mirada el ambiente destruído. Aparece Chicho.

MARIA.—Me voy.

CHICHO.—¿Se va, nomás? Y bue...

MARIA.—Don Simón va a venir mañana a buscar los muebles que quedan. *(Señala su pieza.)* La cama y el ropero. Lo que sea es para usted.

CHICHO.—Gracias, María. *(Pausa.)* ¿A qué hora sale el ómnibus?

MARIA.—A las siete.

CHICHO.—Dicen que Mendoza es muy linda.

MARIA.—Por lo menos, voy a estar con mis hermanas. *(Breve pausa.)* La semana que viene puede cobrar el seguro de Carmelo. Con esa plata puede pagar parte de la hipoteca.

CHICHO.—Pero esa plata es para usted.

MARIA.—No la voy a precisar. Mis hermanas están bien. *(Se echa a llorar.)* ¡Dios Santo!

Chicho se acerca y la abraza. Ella se estrecha a él y llora convulsivamente.

CHICHO.—Cálmese, María. Cálmese.

MARIA.—Bueno... me voy.

Sale caminando pesadamente hacia la calle. Se detiene.

MARIA.—Chau.

CHICHO.—Chau.

Chicho la mira salir. Luego se recompone algo y va a sentarse en uno de los cajones. Un momento después aparece la Nona.

NONA.—Bonyiorno...

Mira a uno y otro lado, hasta que va a sentarse junto a Chicho. Se hace una pausa prolongada.

NONA.—¿E Carmelo?

CHICHO.—Murió, Nona.

NONA.—¿E Anyula?

CHICHO.—Murió.

NONA.—¿E María?

CHICHO.—Se fue.

Se hace una pausa prolongada.

NONA.—¿E la chica?

CHICHO.—¿Qué chica?

NONA.—Cuesta chica... que iba e venía... *(Hace un gesto con la mano de ir y venir.)* Buuuu... Buu...

CHICHO.—¿Marta?

NONA.—¡Eco!

CHICHO.—Murió también.

Pausa prolongada.

NONA.—¿Qué yiorno e oyi?

CHICHO.—Viernes.

NONA.—Viernes... ¡Pucherito! Ponele bastante garbanzo, ¿eh? ¿Compraste mostaza? Tenés que hacer el escabeche, que se acabó... E dopo un postrecito... Flan casero con dulce de leche...

A medida que la Nona habla Chicho se levanta y, como un zombie, retrocede hacia su pieza y se tira en la cama.

NONA.—Domani podé hacer un asadito... Con bastante moyequita... Y a la doménica, la pasta[56].

Chicho, en la penumbra de su pieza, se tapa los oídos con las manos.

NONA.—Ma... primo una picadita... un po de salamín... formayo... aceituna... aquise picadito... mortadela... e un po di vin.

Desde la habitación de Chicho llega el sonido de un balazo. La Nona no se inmuta. Saca un pan del bolsillo del vestido y se pone a masticar. Las luces se van cerrando sobre la cara de la Nona, que sigue masticando.

FIN DE LA OBRA

---

[56] *La doménica:* El domingo.

PROPUESTAS DE TRABAJO

1. Reproducimos las crónicas de estrenos de *Stéfano* (aparecida en *Comoedia, Mayo, 1928)* y *Don Chicho* de Alberto Novión (en *La Opinión,* 30-9-79).

a) Analizar el contenido, estilo, lenguaje, elementos tomados en cuenta para evaluar la puesta en escena y el texto (escenografía, actuación, dirección, vestuario, etc.)

b) Redactar sobre esta base, crónicas de estreno de obras actuales, ya sea de cine o teatro, o bien de obras imaginadas.

2. Reproducimos un programa teatral, como los que recibimos habitualmente al ingresar en cualquier sala de espectáculos.

a) Analizarlo, tratando de encontrar la finalidad que cumple cada una de sus partes, y la forma que adoptan éstas.

b) Confeccionar el programa de una obra conocida o imaginaria, incorporando fotos, imágenes, colores.

3. A partir de una obra narrativa (cuento, novela) estudiada en clase, escribir una obra teatral. Recordar que el teatro utiliza el diálogo, las acotaciones para la puesta en escena (escenografía, iluminación, efectos sonoros, vestuario, maquillaje, etc.), la organización de los contenidos en actos, escenas, cuadros. Puede comenzarse por adaptar un capítulo, o un cuento breve.

4. Muchas voces del lunfardo, en su comienzo jerga de delincuentes, se generalizaron y pasaron al habla vulgar. Si bien la normativa académica las rechaza, forman parte del lenguaje vivo de la calle. Tales: *sonar* (morir), *tachero* (taxista), *tacho* (reloj), *fulero* (malo, feo).

a) Confeccionar un breve diccionario de términos vulgares o lunfas.

b) Crear un diálogo teatral entre personajes imaginarios o reales usando el lunfardo o el habla vulgar.

(Recomendamos para este trabajo la consulta del *Diccionario de voces lunfardas* de Fernando Hugo Casullo, Bs. As., Plus Ultra, 1976, o de cualquier otro texto similar)

5. Los jóvenes también poseen una forma de expresión jergal que sirve para identificarlos como tales y diferenciarlos de los mayores. El lenguaje de los jóvenes se renueva constantemente, pues a medida que crecen, nuevas generaciones van trayendo sus voces diferenciadoras. La música popular juvenil suele fijarlas.

161

«STEFANO» DE DISCEPOLO

¿Se ha superado Armando Discépolo en esta nueva obra que tiene tantos puntos de contacto con su «Mateo»?

Es difícil decirlo y en los pocos minutos, que nos consiente la máquina, a la que hay que entregar con toda urgencia estas líneas de último momento, no es posible analizar el alcance espiritual y artístico de «Stéfano» que se presenta con las mejores características literarias de su autor.

Observación, diálogo, situaciones, todo lo que conduce a la perfección de una obra teatral ha sido estudiado por Discépolo con tanta originalidad y con tanta inteligencia, que no es aventurado afirmar que «Stéfano» es la obra más seria y hermosa del año. En la tragicomedia altiva y desesperante del músico que cae envuelto en la bandera de su dignidad, defendida con los dientes, late la vida y hace mueca al grotesco del hado. Discépolo lo ha rendido todo con mano maestra.

«Stéfano» es verdaderamente, como lo titula el autor, un «grotesco». Frente a las situaciones trágicas de la vida, el destino se encarga de poner el contraste de lo destemplado, de lo ridículo, que anula a emoción o por lo menos la corta, con una crueldad que es propia de ciertas existencias. Canción amarga del fracaso, canción optimista, a pesar de eso, del ideal, concluye por incitar a la reflexión y a la gravedad. Tal vez por esto último «Stéfano» no tendrá el éxito popular de «Mateo», lo que sin embargo no quita valores a la pieza, sino que los aumenta.

La interpretación —a la que se llegó después de innumerables ensayos— ha demostrado que la compañía del Có-

El autor de Stéfano, por Passano.

mico puede justificar su labor y su composición con elogio y aplauso: cabe decir que el trabajo de conjunto no podía ser más homogéneo y eficaz.

Es justo, sin embargo, destacar la creación de Arata en el papel de Stéfano, el protagonista: el tipo visto por el autor ha sido vivido en todos sus detalles, con fidelidad y emoción sincera por este gran intérprete.

Lalo Bouhier, Berta Gangloff, Varela, supieron dar a sus roles la justeza requerida, con un estusiasmo medido que los coloca en la categoría de los grandes intérpretes. La Serrador, la Rinaldi, Pepe Arias y Jorge Gangloff estuvieron a la misma altura, es decir, cada uno en su rol hizo lo que en lenguaje de bastidores se llama «bordar» papeles. Y eso aseguró la comprensión y el aplauso merecido a esta nueva joya del repertorio nacional.

Revista Comoedia. Año III, N° 37, mayo 1928. (Archivo del Instituto Nacional de Estudios de Teatro).

"Don Chico", grotesco de Alberto Novión en el complejo General San Martín

46 años después

El próximo viernes 5 de octubre, el Grupo de Teatro Contemporáneo presentará en la Sala Enrique Muiño del Centro Cultural General San Martín, el grotesco de Alberto Novión **Don Chico.** El elenco está formado por Carmen Llambí, Omar Delli Quadri, Eduardo Nicolau, Pedro Utrera, Osvaldo Hueges, Beatriz Rampini y Carlos Alvarez Insúa, a quienes dirige Osvaldo Pelletieri. La escenografía y el vestuario pertenecen a Leandro H. Ragucci y Adriana Straijer.

"Hace tiempo que venimos haciendo un teatro argentino de estas características a través de piezas como **El organito, Stéfano, Giácomo,** porque experimentamos un cierto gusto por el género del grotesco, ese género tan teatral que, en muchos casos, conserva la vigencia de la problemática que plantea. Por otra parte, gusta mucho al público, hemos percibido una muy buena aceptación de su parte", comenta Eduardo Nicolau, uno de los protagonistas de **Don Chico,** para luego referirse al argumento de la pieza: "Refiere la historia de una familia que habita los bajos fondos. Son italianos marginales, que han tenido sus hijos en la Argentina y viven del robo y de la caridad. Don Chico y doña Regina, el matrimonio protagónico llega a utilizar al an-

ciano padre de él, paralítico, para pedir limosna".

"Tiene dos hijos: Luciano, un hombre de veintitantos años, y Quirquincho, un adolescente, a quienes se suma Fifina, una chica adoptada que ya forma parte de la familia, y que se transforma en un momento dado en el eje de la acción, puesto que Luciano la quiere, mientras los padres intentan venderla para obtener beneficios. Pese a la sordidez de su conducta, Don Chico y doña Regina son muy religiosos y cumplen rituales constantemente".

Don Chico fue estrenada en abril de 1933 por la compañía Arata - Simari - Franco, en el Teatro Comedia, mereciendo los elogios de la crítica.

Don Chico pone en evidencia y critica la avaricia por el dinero, pero al mismo tiempo muestra que esa gente "no tiene otra salida", prosigue Eduardo Nicolau. "Para mostrar esas contradicciones, y poner el acento en el grotesco el director decidió ponerle

música sacra, que provoca un gran contraste".

Carmen Llambí, por su parte, se refiere así al personaje de doña Regina: "Ella es todavía más avarienta, más mala, más dura que don Chico. Es un personaje totalmente siniestro. Se trata de seres cuya vida los ha deformado hasta lo increíble, y a ella ya no le queda ningún aspecto positivo. Para mí ha sido muy difícil la interpretación de este personaje, que hice hace muchos años junto a Luis Arata, cuando ya tenía

inclinación por la composición y estaba enamorada de ese papel. Ahora estoy redescubriendo el personaje de Regina, tratando de enriquecerlo. El grotesco requiere un trabajo interior que difiere de la exterioridad del sainete".

"Luciano, en cambio, es uno de los personajes más rescatables", acota Nicolau. "Es sincero en su amor hacia Fifina, quiere a sus padres a pesar de todo. Y si vuelve al robo, lo hace impulsado por las circunstancias. Es un personaje algo más realista que otros del grotesco, por eso tuve que cuidarme de no caer en la machietta del guapo. No está dentro de mi estilo habitual, por eso me representaba un desafío el componerlo. La puesta de Pelletieri, por su parte, rescata los mejores elementos del grotesco, y divide el escenario en dos ambientes.

La Opinión 30-9-79

Babilonia

Armando Discépolo

Teatro Municipal
General San Martín

El autor

1887 - Nace el 18 de agosto en Buenos Aires (calle Paraná casi Corrientes).

1910 - Luego de algunas experiencias como actor amateur (al lado de la más tarde célebre Camila Quiroga), estrena con la compañía de Pablo Podestá la obra en tres actos *Entre el hierro*, que también dirige.

1911 - Estrena *La torcaz* y *El rincón de los besos*, ambas en un acto.

1912 - Estrena la obra en tres actos *La fragua*, la opereta en tres actos *Espuma de mar* (en colaboración con Rafael José de Rosa y Francisco Payá) y edita *El viaje aquel*, en un acto.

1914 - *El novio de mamá* y *Mi mujer se aburre*, ambas en tres actos y en colaboración con de Rosa y Mario Folco.

1915 - *El patio de las flores*, un acto con Payá y Federico Mertens; *El guarda 323*, un acto con de Rosa.

1916 - *El movimiento continuo*, tres actos, y *La ciencia de la casualitat*, monólogo, ambas con de Rosa y Folco; *El reverso*, diálogo.

1917 - *Conservatorio "La Armonía"* y *El chueco Pintos*, ambas en tres actos y con de Rosa y Folco.

1918 - *La espada de Damocles*, ídem.

1919 - *El vértigo*, dos actos.

1920 - *El clavo de oro*, tres actos con de Rosa y Folco.

1921 - *Mustafá*, un acto, y *El príncipe negro*, tres actos, ambas con de Rosa.

1922 - *L'Italia unita*, un acto con de Rosa.

1923 - *Mateo*, tres cuadros, y *Hombres de honor*, tres actos.

1924 - *Giácomo*, tres actos con de Rosa, y *Muñeca*, dos actos.

1925 - *El organito*, un acto con Enrique Santos Discépolo, y *Babilonia*, un acto.

1926 - *Patria nueva*, un acto.

1928 - *Stéfano*, un acto y epílogo.

1929 - *Levántate y anda*, tres actos.

1931 - *Amanda y Eduardo*, nueve cuadros que se estrenan en Barcelona y dos años más tarde se conocen en Buenos Aires.

1932 - *Cremona*, seis luces (ampliada, se re-estrena en 1971).

1934 - *Relojero*, tres actos. Desde esta última fecha hasta su muerte el 8 de enero de 1971, Discépolo traduce y adapta incontables obras extranjeras (entre ellas *Julio César* y *La fierecilla domada* de Shakespeare, *Las tres hermanas* de Chéjov, *El inspector* de Gógol, *Las voces de adentro* de de Filippo, *Esta noche se improvisa*, *Así es si os parece*, *Enrique IV* y *La nueva colonia* de Pirandello), y se dedica especialmente a la dirección teatral, con varias compañías privadas y con la Comedia Nacional Argentina.

Babilonia

de Armando Discépolo

Reparto por orden de aparición:

Eustaquio, mucamo, criollo	Pachi Armas
Isabel, mucama, madrileña	Noemí Morelli
José, mucamo de comedor, gallego	Fernando Labat
Lola, mucama, gallega	Juana Hidalgo
China, mucama, cordobesa	Patricia Hart
Cacerola, pinche, napolitano	Luis Ziembroski
Alcíbíades, mucamo, gallego	Juan Carlos Posik
Otto, chauffeur, alemán	Meme Vigo
Carlota, cocinera, francesa	Graciela Martinelli
Secundino, portero, gallego	Rodolfo Rodas
Piccione, chef, napolitano	Roberto Carnaghi
Emma, hija del Cavalier Esteban	Cristina Escalante

Señora Emilia, esposa del Cavalier Esteban, criolla	Hilda Suárez
Víctor, hijo del Cavalier Esteban	Carlos La Rosa
Cavalier Esteban, italiano	José María Gutiérrez

Espectáculo sin intervalos

Apuntadora	Ofelia Ximénez
Asistente de dirección	Olga Carballo
Música	Luis María Serra
Escenografía y vestuario	Leandro H. Ragucci
Dirección	José Bove

Sala Martín Coronado   Temporada 1984

La versión

En *Babilonia* —como en la gran mayoría de sus obras— Discépolo construye el drama a partir de personajes que viven la quiebra de las ilusiones que los trajeron a Buenos Aires. En efecto, en ella la aceptación de un trueque humillante (muchas horas diarias de un trabajo agotador a cambio de una comida magra y un techo prestado) se contrapone a los sueños de "hacer la América" con que esos personajes emigraron de Italia o España, Francia o Alemania, buscando enriquecerse en la Argentina del Centenario, el granero del mundo.

Discépolo analiza cómo la dependencia deforma la psicología y la conducta de esas criaturas, que se hacen introvertidas y egoístas, y se convierten así en fácil presa para "los de arriba" que, por una irónica paradoja, en *Babilonia* tampoco son argentinos. Lo que quiere decir Discépolo es que el nuestro es un país "tomado", y es eso precisamente lo que pone en boca del criollo Eustaquio, dirigiéndose a uno de los inmigrantes: "Es un gran país este... pa'ustedes". Y también muestra Discépolo cómo esos personajes intentan superar su condición pisando cabezas o evadiendo la realidad mediante la traición y el arribismo, el robo y la prostitución, el ahorro minúsculo y la quiniela, la venganza y la melancolía.

Cabe preguntarse entonces: ¿No está hablando don Armando de la Argentina de los últimos años, la de los acomodos, la violencia y los ilícitos, la de las pretendidas soluciones individuales que convierten a cada hombre en una fiera? Incluso en el fenómeno migratorio hay similitudes: ayer era la inmigración europea, hoy son los desplazamientos internos hacia los grandes centros urbanos, en busca de trabajo. ¿No estamos acaso viviendo en una Argentina de desocupados, cambiando nuestro(s) trabajo(s) por techo y comida escasos? ¿No estamos acaso en una Argentina de desencuentros, fácil presa de "los de arriba", también gringos?

Otra similitud: esta obra fue escrita en 1925. Y una advertencia: en 1930 se produce el golpe militar de Uriburu. Pero no hay por qué alarmarse. Nuestro maravilloso autor no necesita hacer discursos políticos para teatralizar todos esos contenidos. Utilizando el humor, el lenguaje popular de aquel entonces y una magnífica síntesis dramática, refleja simplemente la realidad sin recurrir a héroes salvadores ni a víctimas inocentes.

Ojalá podamos compartir con los espectadores el placer que nos produjo transitar a Discépolo. Buceo en una gloria teatral que realizamos con profundidad y respeto, incluyendo el respeto hacia nosotros mismos, es decir, a nuestras inquietudes y problemáticas actuales.

José Bove

a) Confeccionar un vocabulario juvenil actual.

b) Inventar diálogos o narraciones breves en jerga juvenil.

c) Registrar en canciones de intérpretes nacionales de moda la existencia de este lenguaje.

d) Pasar estas canciones a un nivel de lengua culta. ¿Qué efectos produce?

6. *Stéfano* amaba la música y ansiaba escribir una gran ópera. Mas, la necesidad de alimentar a su familia le impidió concretar su aspiración.

En nuestros días, la realización de una vocación artística (música, teatro, danza) ¿se contrapone con el bienestar económico? ¿Arte es sinónimo de pobreza?

Recoger información al respecto en revistas especializadas o artículos de diarios. Interrogar al respecto a artistas conocidos, a compañeros y profesores con inclinaciones artísticas.

Redactar un informe.

7. Transcribimos un episodio de *El avión negro*. Con la guía del profesor analizarlo y determinar si su estilo es grotesco y por qué.

EL AVION NEGRO

EL DENTISTA

(El supuesto consultorio es un ámbito muy estrecho que ocupa una porción muy reducida del escenario. Una ventana pequeña. Un sillón profesional, el torno y la bandeja con algunos instrumentos. El dentista está preparando una inyección con cierta impaciencia. La paciente mira aprensivamente).

DENTISTA. —Ay, m'hijita, ni que fuera una criatura...

PACIENTE. —Perdone, doctor, pero no soporto el torno... Prefiero el pinchazo.

DENTISTA. —Está bien, está bien, perdemos tiempo los dos pero... *(La inyección está lista. Se acerca a la paciente.)* Abra bien la boca... Abra más... ¡Más!

PACIENTE. —*(Quiere decir «no doy más».)* ¡O oi má!

DENTISTA. —Baje la cabeza... ¡No tanto!... *(Impaciente.)* ¡Pero no me cierre la boca!

PACIENTE. —*(Quiere preguntar «así»)* ¿Ají?

DENTISTA. —Eso es... Quietita. *(Le clava la aguja. La paciente manifiesta su dolor con un movimiento. Sin importarle, rutinario.)* ¿Dòlió? *(La paciente hace un gesto con la mano significando que le dolió mucho.)*

DENTISTA. —Quietita... Falta muy poquito... *(Le hunde más la aguja.)* ¡Listo! *(Apoya la jeringa sobre la bandeja y ya prepara el torno.)*

PACIENTE. —*(Temerosa de que no de tiempo a la acción de la anestesia, quiere decirle «no, todavía no».)* ¡O, oavia o!

DENTISTA. —¡Quédese tranquila y cierre la boca mejor! *(Se comienza a oír el rumor de la manifestación. El dentista escucha extrañado. La pa-*

ciente se incorpora un poco con curiosidad, escuchando. Deja el torno y se dirige a la ventana.) ¿Qué es éso? *(La paciente también quiere ir e intenta levantarse. Autoritario.)* ¡Usted se queda sentada! *(La paciente obedece. El dentista mira a través de la ventana. Se oye claramente el bombo y algún estribillo. Impresionado, desconcertado.)* ¡No puede ser!... *(Alarmado.)* ¡Qué barbaridad!... ¡Es increíble! *(La paciente, sin animarse a ponerse de pie, agita el puño en alto con alegría y entusiasmo, festejando. El dentista advierte el movimiento y se vuelve hacia ella muy nervioso.)* ¿Qué hace?

PACIENTE. —*(Sentada pero eufórica, quiere decir «¡Perón, Perón, Perón!... Vuelve... Perón», pero por el efecto de la anestesia le sale:)* ¡Eón, eón, eón!... ¡Uele Eón!...

DENTISTA. —*(Asustado, agresivo.)* ¡No se mueva!

PACIENTE. —¡Ele, otor ele! ¡Etalé o el torno!

DENTISTA. —¿Está apurada ahora?

PACIENTE. —¡lero ir a lo uchacho!

DENTISTA. —*(Con odio contenido, dirigiéndose al torno.)* Quiere ir con los muchachos...

PACIENTE. —*(Con orgullo.)* ¡I, otor!

DENTISTA. —Mire qué bien. *(Se dispone a aplicarle el torno.)* Permitamé...

PACIENTE. —Ele, otor. *(Abre la boca.)*

DENTISTA. —(Aplica el torno.) ¿Así que empiezan a joder otra vez, eh?... *(La paciente hace gestos indicando que le duele, trata de moverse pero es inútil. El torno produce un ruido exagerado. Escarbando con furor y entonando «Los muchachos peronistas».)* Los muchachos lalalila, ¿eh?... Qué grande sos, ¿eh?... *(Empujando el torno con el ritmo de la marcha.)* ¡Sos-el-pri-mer-tra-ba-ja-dor! *(La paciente emite sonidos guturales de dolor. Completamente fuera de sí.)* ¡Veinte años arreglando bocas podridas!...¡Veinte años!...¡Me rompí el alma para recibirme!... ¡Sangre me costó!... ¡Este consultorio es mío!... ¡El ultrasónico, el teléfono, el guardapolvo!... ¡Todo mío!... ¡Nadie me regaló nada! ¡Todo me lo gané curando bocas podridas! ¡Me paso la vida curando bocas podridas!... ¡Yo no soy un animal, soy un hombre culto! ¡Voy al teatro todos los sábados! ¡Entiendo las películas de Bergman!... ¡Leo La Prensa!... *(Comienza a tararear la novena de Beethoven con la mirada alucinada, fija en punto remoto, hundiendo más y más el torno. La paciente va dejando de moverse y finalmente queda inmóvil. El dentista continúa unos instantes tarareando y aplicando el torno hasta que advierte que la paciente ha muerto. Deja de cantar, detiene el torno y lo aparta. Horrorizado.)* ¡Muévase!... ¡Puede moverse!... *(Furioso)* ¡Le digo que se mueva! *(Desesperado, histérico.)* ¡Fue sin querer! ¡Yo no tengo la culpa!... ¡Son ustedes! ¡Me ponen nervioso!... ¡Gritan, gritan gritan!... *(Comienza a oscurecerse la escena).* ¡Se juntan y gritan! ¡Salen de todas partes, cantan, insultan, se ríen!... ¡Yo soy un profesional! ¡Tengo mi casa, mo coche, mi torno!... *(Chillando, ridículamente digno.)* ¡Soy un profesional!... *(Una pausa. Luego, rabioso, asustado y puerilmente feroz.)* ¡Negros de mierda!

ESTE ES EL PUEBLO...

(Aparece la murga y canta, con la música de: «Sí, sí, señores yo soy de Boca...»)

8. Poner en escena algunas escenas de *La nona*. Es conveniente tomar las partes señaladas en el análisis como fases y separadas del resto por los apagones de luz.

a) Recordamos que debe delimitarse en el aula una zona destinada a los actores —*escenario*— y otra en la que dispondrá el público (compañeros, profesores).

b) Armar luego la *escenografía*, colocando a mano los elementos de *utilería*, es decir, todos los objetos que los actores usarán en escena: el mate, las ollas, cubiertos, verduras.

c) Un alumno se encargará de la *iluminación* (apagones que indican cambio de fase, paso del tiempo: de la noche a la mañana, etc.) y otro de los *efectos sonoros* o *musicalización*, si decidieron incorporarla. Los efectos sonoros son los ruidos que se escuchan provenientes de fuera de escena, tales como los bocinazos de los candidatos de Martita, la campanilla de don Francisco. La música ayuda a crear climas, entretiene a los espectadores durante los cambios de escenografía.

ch) Los actores deberán caracterizarse utilizando *maquillaje, vestuario y peinado*.

d) Conviene que uno de los alumnos cumpla las funciones de *director de escena*, coordinando todos los factores antes mencionados e indicando a los actores los *movimientos* o *desplazamientos* que deben hacer, las *inflexiones* que deben dar a la voz para lograr mayor expresión, entradas y salidas.

e) Si trabajaren con el texto de Cossa, conviene que otro cumpla la función de *apuntador*, para auxiliar a los desmemoriados.

f) Otro grupo de alumnos, con la colaboración del profesor de Educación Plástica, puede encargarse de confeccionar carteles de propaganda, programas.

9. El grotesco es una categoría artística con importantes manifestaciones en las artes plásticas.

Con la guía del profesor de Educación Plástica, analizar pinturas de James Ensor, Jerónimo Bosch, Goya, Eduard Munch, Pieter Bruegel, buscando en ellas la ruptura del orden del mundo como expresión grotesca de la realidad.

BIBLIOGRAFIA FUNDAMENTAL SOBRE LAS OBRAS Y LOS AUTORES

Diccionarios - Metodologías de análisis teatral.

Foppa, Tito Livio: *Diccionario teatral del Río de la Plata,* Bs. As. Argentores, Ediciones del Carro de Tespis, 1961.

Kowzan, Tadeusz: «El signo en el teatro. Introducción a la semiología del arte del espectáculo», En: Theodor W. Adorno y otros: *El teatro y su crisis actual.* Colec. Estudios, Venezuela, Monte Avila Editores, 1969.

Pavis, Patrice: *Diccionario de teatro. Dramaturgia, estética, semiología.* «Comunicación», Bs. As., Paidós, 1980, Vol. 10.

Tordera Sáenz, Antonio. «Teoría y técnica del análisis teatral». En: Talens, Romera Castillo y otros: *Elementos para una semiótica del texto artístico.* Madrid, Cátedra, 1978.

Villegas, Juan: La interpretación de la obra dramática. Chile. Ed. Universitaria, 1971.

Historias del teatro nacional

Berenguer Carisomo, Arturo: *Las ideas estéticas en el teatro argentino.* Bs. As., Comisión Nacional de Cultura, Instituto Nacional de Estudios de Teatro, 1947.

Bosch, Mariano: *Historia de los orígenes del teatro nacional argentino y la época de Pablo Podestá.* Bs. As., Solar/Hachette, 1969.

Carella, Tulio: *El sainete.* Bs. As., Centro Editor de América Latina, 1967.

Castagnino, Raúl H.: *Circo, teatro gauchesco y tango.* Bs. As., Instituto nacional de Estudios de Teatro, 1981.

Gallo, Blas Raúl: *Historia del sainete nacional.* 2da. Ed., Bs. As., Buenos Aires leyendo, 1970.

Marco, Susana y otros: *Teoría del género chico criollo.* Bs. As. EUDEBA, 1974.

Mazziotti, Nora: *Comedias y Sainetes argentinos.* Antología I. «Leer y crear», Bs. As., Colihue, 1984.

«El género chico criollo». En: *Crear, en la cultura nacional,* Bs. As., Año 3, No. 11, Nov., Dic. 1982.

Ordaz, Luis: *Breve historia del teatro argentino. Bs. As.,* EUDEBA, 1964 T. III, IV y IV.

Grotesco

Galasso, Norberto: *Discepolín y su época.* Bs. As., Jorge Alvarez, 1967.

Kaiser,-Lenoir, Claudio: *El grotesco criollo: estilo teatral de una época.* Cuba, Ediciones Casa de las Américas, 1977.

Kayser, Wolfang: *Lo grotesco. Su configuración en pintura y literatura.* «Arte y ciencia de la expresión», Bs. As., Nova, 1964.

Neglia, Erminio G.: *Pirandello y la dramática rioplatense.* Italia, Valmartina Editore in Firence, 1970.

Ordaz, Luis: Op. Cit. T. VII. *El grotesco criollo.*

Pirandello, Luigi: *El humorismo.* Madrid, Guadarrama, 1968.

Viñas, David: «Grotesco, inmigración y fracaso», Prólogo a *Obras escogidas de Armando Discépolo.* Bs. As., Jorge Alvarez, 1969. T.I.

Revistas, publicaciones periódicas, crónicas, programas.

Colección de *Bambalinas, La escena, Comedia. El entreacto, El teatro argentino, Teatro* (Revista del Teatro General San Martín), todas en la Biblioteca del Instituto de Estudios de Teatro o Argentores.

Crónicas de estreno, programas, fotografías, en las instituciones mencionadas.

Agradecemos aquí la valiosa orientación que nos fuera brindada por la Prof. *Marta Lena Paz* durante el seminario para graduados «El teatro agentino en la última década; posibilidades de un lenguaje dramático y escénico de vanguardia». Universidad de Buenos Aires, 1985.

INDICE

Impreso en
A.B.R.N. Producciones Gráficas S.R.L.,
Wenceslao Villafañe 468,
Buenos Aires, Argentina,
en enero de 2001.

CPSIA information can be obtained
at www.ICGtesting.com
Printed in the USA
BVHW030603030621
R12306400001B/R123064PG608503BVX00016B/14